_____ 의 학습 계획표

WEEK 1	WEEK 2	WEEK 3	WEEK 4
☐ DAY 1 _____월 _____일	☐ DAY 6 _____월 _____일	☐ DAY 11 _____월 _____일	☐ DAY 16 _____월 _____일
☐ DAY 2 _____월 _____일	☐ DAY 7 _____월 _____일	☐ DAY 12 _____월 _____일	☐ DAY 17 _____월 _____일
☐ DAY 3 _____월 _____일	☐ DAY 8 _____월 _____일	☐ DAY 13 _____월 _____일	☐ DAY 18 _____월 _____일
☐ DAY 4 _____월 _____일	☐ DAY 9 _____월 _____일	☐ DAY 14 _____월 _____일	☐ DAY 19 _____월 _____일
☐ DAY 5 _____월 _____일	☐ DAY 10 _____월 _____일	☐ DAY 15 _____월 _____일	☐ DAY 20 _____월 _____일
🏆 Review _____월 _____일	🏆 Review _____월 _____일	🏆 Review _____월 _____일	🏆 Review _____월 _____일

KB127437

Cheer UP!

WEEK 5	WEEK 6	WEEK 7	WEEK 8
☐ DAY 21	☐ DAY 26	☐ DAY 31	☐ DAY 36
_____월 _____일	_____월 _____일	_____월 _____일	_____월 _____일
☐ DAY 22	☐ DAY 27	☐ DAY 32	☐ DAY 37
_____월 _____일	_____월 _____일	_____월 _____일	_____월 _____일
☐ DAY 23	☐ DAY 28	☐ DAY 33	☐ DAY 38
_____월 _____일	_____월 _____일	_____월 _____일	_____월 _____일
☐ DAY 24	☐ DAY 29	☐ DAY 34	☐ DAY 39
_____월 _____일	_____월 _____일	_____월 _____일	_____월 _____일
☐ DAY 25	☐ DAY 30	☐ DAY 35	☐ DAY 40
_____월 _____일	_____월 _____일	_____월 _____일	_____월 _____일
🏆 Review	🏆 Review	🏆 Review	🏆 Review
_____월 _____일	_____월 _____일	_____월 _____일	_____월 _____일

기적의 초등 필수 영단어

Olene Kim 지음

1

길벗스쿨

저자 **Olene Kim**

지난 20여 년간 영어라는 언어를 어린이들이 어려움 없이 단계적으로 습득해갈 수 있도록 효과적인 교수법을 연구하여 다양한 교재로 구현해 온 초등 영어 교육 전문가입니다. 파닉스, 리딩, 코스북, 문법 등 여러 분야의 ELT 교재와 영어 단행본 학습서를 집필·개발하였습니다. 현재 C2 Archive(씨투 아카이브)라는 영어연구소를 운영하며, 학습자와 학부모, 교사 모두에게 사랑받는 영어 교재를 만들고 있습니다.

기적의 초등 필수 영단어 1
Miracle Series – English Words for Elementary Students 1

초판 발행 · 2022년 12월 30일
초판 2쇄 발행 · 2023년 4월 7일

지은이 · Olene Kim
발행인 · 이종원
발행처 · 길벗스쿨
출판사 등록일 · 2006년 7월 1일 | **주소** · 서울시 마포구 월드컵로 10길 56(서교동)
대표 전화 · 02)332-0931 | **팩스** · 02)323-0586
홈페이지 · www.gilbutschool.co.kr | **이메일** · gilbutschool@gilbut.co.kr

담당 편집 · 최지우(rosa@gilbut.co.kr) | **기획** · 김남희, 최지우 | **디자인** · 비따 | **제작** · 김우식
영업마케팅 · 김진성, 박선경 | **웹마케팅** · 박달님, 권은나 | **영업관리** · 정경화 | **독자지원** · 윤정아, 최희창

편집진행 · 박미나 | **전산편집** · 장하라 | **표지 삽화** · 이요한 | **본문 삽화** · 고무미, 루루
영문 감수 · Ryan P. Lagace, Benjamin Schultz | **인쇄 및 제본** · 상지사피앤비 | **녹음** · YR미디어

＊ 잘못 만든 책은 구입한 서점에서 바꿔 드립니다.
＊ 이 책은 저작권법에 따라 보호받는 저작물이므로 무단전재와 무단복제를 금합니다.
  이 책의 전부 또는 일부를 이용하려면 반드시 사전에 저작권자와 길벗스쿨의 서면 동의를 받아야 합니다.

© Olene Kim, 2022

ISBN 979-11-6406-477-9 64740 (길벗 도서번호 30505)
정가 15,000원

독자의 1초를 아껴주는 정성 길벗출판사
길벗 | IT실용서, IT/일반 수험서, IT전문서, 경제실용서, 취미실용서, 건강실용서, 자녀교육서
더퀘스트 | 인문교양서, 비즈니스서
길벗이지톡 | 어학단행본, 어학수험서
길벗스쿨 | 국어학습서, 수학학습서, 유아학습서, 어학학습서, 어린이교양서, 교과서, 학습단행본

길벗스쿨 공식 카페 〈기적의 공부방〉 · cafe.naver.com/gilbutschool
인스타그램 / 카카오플러스친구 · @gilbutschool

제 품 명	:	기적의 초등 필수 영단어 1
제조사명	:	길벗스쿨
제조국명	:	대한민국
전화번호	:	02-332-0931
주 소	:	서울시 마포구 월드컵로 10길 56 (서교동)
제조년월	:	판권에 별도 표기
사용연령	:	8세 이상

KC마크는 이 제품이 공통안전기준에 적합하였음을 의미합니다.

초등학생이 꼭 알아야 할 필수 영단어,
제대로 익혀 활용해요!

어휘력은 초등 영어의 기초 체력이에요. 어휘를 바탕으로 읽기, 듣기, 말하기, 쓰기 영역에서도 실력이 키워지지요. 특히, 3학년은 본격적인 영어 학습이 이루어지는 시기이기 때문에 무엇보다도 필수적인 어휘들을 우선적으로 학습하여 기본기를 갖추는 것이 중요합니다.

교육부 지정 필수 영단어부터 확실하게!

초등 영어 교육과정은 일상에 필요한 의사소통 능력 기르기를 주된 목표로 삼고 있고, 그에 따라 교육부는 의사소통에 꼭 필요한 재료가 되는 800단어를 엄선하여 교과서에 담아 교육하고 있어요. 본 학습서는 가장 1순위 필수 단어라 할 수 있는 800단어를 집중적으로 학습하여 초등 영어의 기본기를 탄탄하게 다질 수 있게 했습니다.

단어만 알면 끝? 활용할 수 있어야 진짜 어휘력!

개별 단어를 암기했다고 해서 진짜 영단어를 익혔다고 할 수 있을까요? 스펠링과 의미를 매칭하여 외우는 것을 넘어, 실생활에서 필요한 때에 단어를 꺼내 쓰고 말할 수 있어야 진짜 실력이라 할 수 있습니다. 그러기 위해서는 단어가 실제로 어떻게 활용되고 쓰이는지 문장 속에서 쓰임을 익히는 것이 중요합니다. 본 학습서는 교과서에서 다루는 문장과 함께 맥락이 있는 글에서 단어의 의미와 쓰임을 익히고 연습할 수 있도록 구성했습니다. 교과서 주요 문형과 함께 필수 단어를 익혀가는 일석이조의 효과를 맛보세요.

평균적으로 한 단어를 완전하게 알기 위해서는 여러 번의 반복 노출이 필요하다고 합니다. 본 학습서로 단어와 문장을 익힌 뒤에, 별도 제공하는 부가 학습자료로 나의 실력을 진단하고 복습해 보세요. <기적의 초등 필수 영단어>가 초등과정의 기본기를 탄탄하게 만들어줄 거라 기대하며 이 책으로 공부하는 많은 초등학생 여러분들을 응원합니다.

지은이 **Olene Kim**

교과서 문장으로 익히는 문맥 어휘 학습법!

최신 교육과정의 필수 영단어를 총정리!

교육부에서 지정한 초등 필수 영단어 800개와 영어 교과서에서 자주 나오는 영단어를 분석하여 담았습니다. 이 단어들만 제대로 공부해도 초등 영어의 기본기를 확실하게 쌓을 수 있습니다.

실제 쓰임을 익히는 문맥 어휘 학습법!

개별적인 단어의 뜻을 아는 것보다 문장 맥락에서 단어의 쓰임을 알고 이해할 때, 단어를 자유자재로 활용할 수 있는 어휘력이 효과적으로 길러집니다. 이 책은 일상적인 의사소통이 일어나는 상황글을 통해 단어가 어떻게 쓰이고 활용되는지를 자연스럽게 터득하여 진짜 어휘력을 키울 수 있도록 합니다.

교과서 핵심 문형까지 한 번에!

이 책에서 다루는 문장은 초등 영어 교육과정의 '의사소통 기능문'을 토대로 작성되었습니다. 초등 필수 영단어를 공부하면서 동시에 영어 교과서에 실린 핵심 문형까지 함께 익힐 수 있어 두 배의 학습 효과를 가져다 줍니다.

완벽한 복습을 만드는 부가 학습자료!

학습한 내용을 온전히 내 것으로 만들기 위해서는 복습이 중요합니다. '길벗스쿨 e클래스'에서 제공하는 4종의 부가 학습자료와 온라인 퀴즈를 통해, 자신의 실력을 점검하고 복습하여 학습한 단어와 문형을 더 오래 기억하도록 만듭니다.

이렇게 공부하세요!

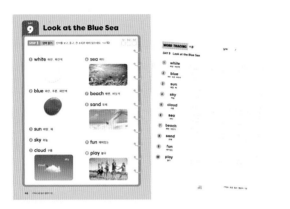

STEP 1 단어 알기

- 단어의 정확한 의미와 철자를 배워요. QR코드를 찍어 원어민 발음과 함께 단어를 보고, 듣고, 큰 소리로 따라 읽어요.
- Tracing Sheet를 통해 단어의 의미와 철자를 확실하게 공부해요.

STEP 2 문장 속 단어 이해하기

- 원어민 발음과 함께 글을 듣고, 읽고, 손으로 따라쓰며 문장 맥락 속 단어의 실제 쓰임을 이해하고 익혀요.
- Word Quiz를 통해 놓치기 쉬운 단어의 의미와 철자를 확인해요.

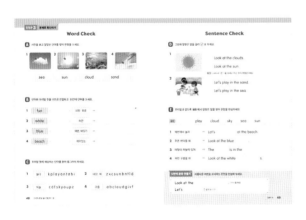

STEP 3 문제로 확인하기

- 다양한 유형의 연습 문제를 통해, 단어의 우리말 뜻과 철자를 꼼꼼히 점검해요. 문장 속에서 학습한 단어가 어떻게 활용되는지 확인해요.
- '나만의 문장 만들기'를 통해, 학습한 단어와 문장 구조를 연습하고 직접 문장을 완성할 수 있어요.

Review 한 주 학습 마무리하기

- 5일 동안 배운 단어를 다양한 문항으로 점검해요. 여러 유형의 문제를 풀며 자신의 실력을 확인하고, 게임 활동을 통해, 배운 단어를 재미있게 복습해요.

차례

학습이 즐거워지는 길벗스쿨 e클래스

① 길벗스쿨 e클래스(eclass.gilbut.co.kr) 홈페이지에 들어가서 〈기적의 초등 필수 영단어〉를 검색하시거나 QR을 통해 접속하세요.

mp3 + 퀴즈

길벗스쿨 e클래스(eclass.gilbut.co.kr) 홈페이지

② Day별로 제공하는 학습자료를 확인하세요. 단어 음원, 문장 음원, 온라인 퀴즈 등을 활용하여 간편한 학습과 복습이 가능해요.

음원 페이지

온라인 퀴즈

복습도 확실하게! 추가 학습자료 4종 제공

길벗스쿨 e클래스의 자료실에서 복습에 유용한 보충 자료를 다운받으세요!

- **Word Tracing** Day별 단어 학습이 끝난 후, 손으로 단어를 직접 써 보면 의미와 철자를 확실하게 익힐 수 있어요.

- **Word Test** 단어를 우리말 뜻으로 써 보는 문제와 우리말 뜻을 영단어로 써 보는 문제를 통해, 학습한 단어를 잘 기억하고 있는지 점검하고 연습해 보세요.

- **Word Dictation** Day별로 제공하는 음원을 듣고, 알맞은 단어를 딕테이션 해 보세요. 학습한 단어를 문장 속에서 집중하여 듣고 써넣으면서 듣기 실력과 어휘력을 함께 키울 수 있어요.

- **Unit Test** 학습한 단어와 문형을 Day별로 테스트 해 보세요. 문제를 통해, 헷갈리거나 잘 외워지지 않은 부분을 확인하고 복습할 수 있어요.

DAY 1 Hello, I Am Debo

STEP 1 단어 알기　단어를 보고, 듣고, 큰 소리로 따라 읽으세요. Track 01

1st 2nd 3rd

1 hello (만났을 때) 안녕, 안녕하세요

Hi!

TIP hi는 hello와 같은 뜻이에요.

2 I 나

I

TIP '나'를 뜻하는 I는 항상 대문자로 나타내요.

3 my 나의, 내

4 you 너, 당신

you

5 your 너의, 네

6 name 이름

John

7 meet 만나다

8 nice 좋은, 즐거운

9 what 무엇

10 too 또한, 역시

Hello , I am Debo.

안녕, 나는 디보야.

What is your name ?

네 이름은 무엇이니?

 Hi, my name is Amy.

안녕, 내 이름은 에이미야.

Nice to meet you .

너를 만나서 반가워.

 Nice to meet you, too .

나도 널 만나서 반가워.

Word Quiz

hi와 같은 뜻으로, 만났을 때
건네는 인사말은 무엇일까요?

◯ meet　◯ hello

Word Check

A 사진을 보고 알맞은 단어를 찾아 번호를 쓰세요.

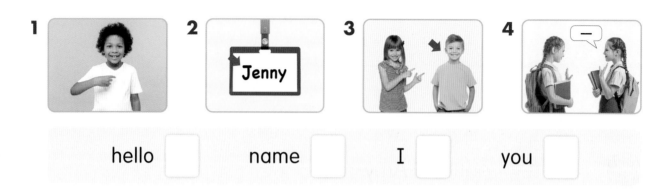

hello ☐   name ☐   I ☐   you ☐

B 단어와 우리말 뜻을 선으로 연결하고, 빈칸에 단어를 쓰세요.

1 nice · · 너의, 네 ⇒ _____

2 my · · 또한, 역시 ⇒ _____

3 your · · 나의, 내 ⇒ _____

4 too · · 좋은, 즐거운 ⇒ _____

C 우리말 뜻에 해당하는 단어를 찾아 동그라미 하세요.

1 만나다 elsmeetyktp   2 안녕 khellosmqou

3 이름 enamelhwtmt   4 무엇 whathwahtos

Sentence Check

D 그림에 알맞은 말을 골라 ☑ 표 하세요.

1 What is your name?

Nice to meet you.

My name is Amy.

2 Nice to meet you!

Nice to meet you, too.

What is your name?

E 우리말과 같도록 보기 에서 알맞은 단어를 찾아 문장을 완성하세요.

보기	What	name	Hello	meet

1 안녕, 나는 디보야. ➡ _____, I am Debo.

2 내 이름은 에이미야. ➡ My _____ is Amy.

3 네 이름은 무엇이니? ➡ _____ is your name?

4 너를 만나서 반가워. ➡ Nice to _____ you.

나만의 문장 만들기 나를 소개하는 문장을 완성해 보세요.

What is your _____? 당신의 이름은 무엇인가요?

My name is _____. 내 이름은 (자기 이름)이에요.

STEP 1 단어 알기   단어를 보고, 듣고, 큰 소리로 따라 읽으세요. Track 03

1st   2nd   3rd

① **bag** 가방

② **doll** 인형

③ **robot** 로봇

④ **room** 방

⑤ **it** 그것

⑥ **this** 이것

⑦ **that** 저것

this   that

TIP 가까이 있는 것을 가리킬 때는 this, 멀리 있는 것을 가리킬 때는 that을 사용해요.

⑧ **new** 새로 산, 새로운

⑨ **old** 오래된

new   old

⑩ **welcome** 환영하다

Welcome to my room !

내 방에 온 것을 환영해!

 What's this ?

이것은 무엇이니?

 It 's my robot .

그것은 내 로봇이야.

It's my new doll .

그것은 내가 새로 산 인형이야.

 Oh! What's that ?

오! 저것은 무엇이니?

 It's my old bag .

그것은 내 오래된 가방이야.

Word Quiz

new와 반대의 의미를
가진 단어는 무엇일까요?

○ this
○ old
○ that

Word Check

A 사진을 보고 알맞은 단어를 골라 선으로 연결하세요.

1   bag / doll

2   room / robot

3   new / old

4   this / that

B 우리말 뜻과 같도록 보기 에서 알맞은 단어를 찾아 쓰세요.

보기   bag   new   that   it

1 _____
그것

2 _____
저것

3 _____
새로 산, 새로운

4 _____
가방

C 우리말 뜻을 보고 빈칸에 알맞은 글자를 써서 단어를 완성하세요.

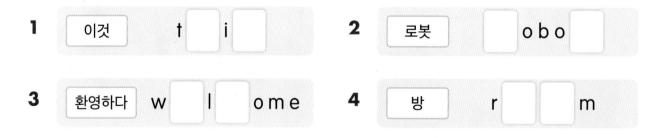

1 이것   t [ ] i [ ]

2 로봇   [ ] o b o [ ]

3 환영하다 w [ ] l [ ] o m e

4 방   r [ ] [ ] m

Sentence Check

D 그림에 알맞은 말을 골라 ☑ 표 하세요.

1

What's this?

What's that?

2

This is my bag.

This is my doll.

3

It's a new robot.

It's an old robot.

E 우리말과 같도록 주어진 글자를 바르게 배열하여 문장을 완성하세요.

1 내 방에 온 것을 환영해! ⟹ _____ to my room!
(m e l c o W e)

2 이것은 무엇이니? ⟹ _____'s this?
(W a h t)

3 그것은 내 로봇이야. ⟹ It's _____ _____.
(y m)　　　(t o o r b)

4 그것은 내가 새로 산 인형이야. ⟹ It's my _____ _____.
(e w n)　　　(l o d l)

나만의 문장 만들기　나의 물건을 소개하는 문장을 완성해 보세요.

What's _____? (이것은 / 저것은) 무엇인가요?

It's my _____. 그것은 내 (물건)이에요.

They Are Elephants

STEP 1 **단어 알기** 단어를 보고, 듣고, 큰 소리로 따라 읽으세요. Track **05**

① **nose** 코

② **tail** 꼬리

③ **rabbit** 토끼

④ **elephant** 코끼리

⑤ **they** 그들

⑥ **big** 큰

⑦ **small** 작은

big

small

⑧ **long** 긴

⑨ **short** 짧은

short

long

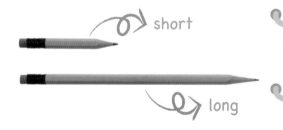

⑩ **have** 가지다

STEP 2 문장 속 단어 이해하기 문장을 듣고, 단어를 따라 쓰세요. Track 06

They are elephants.

그들은 코끼리예요.

They are big.

그들은 (몸집이) 커요.

They have long noses.

그들은 긴 코를 가졌어요.

They are rabbits.

그들은 토끼예요.

They are small.

그들은 (몸집이) 작아요.

They have short tails.

그들은 짧은 꼬리를 가졌어요.

Word Quiz

서로 반대의 의미를 가진 단어가 아닌 것은 무엇일까요?

◯ big – small
◯ long – short
◯ rabbit – elephant

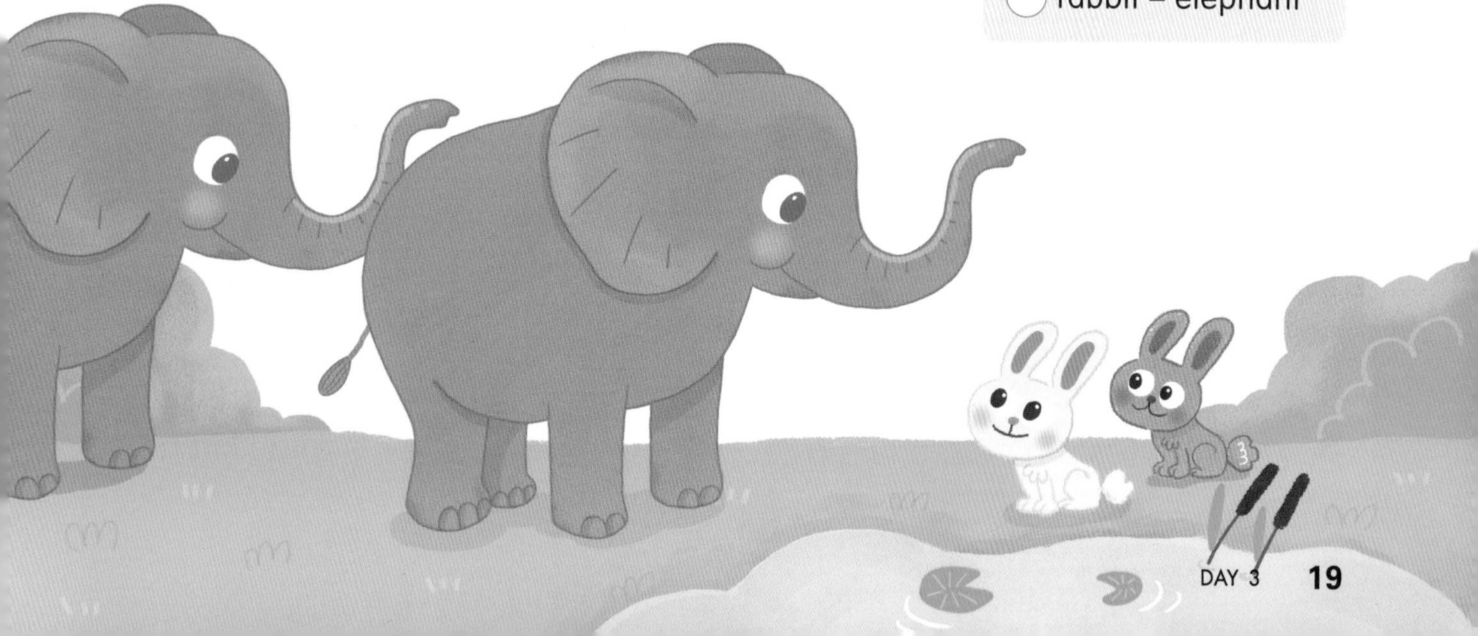

Word Check

A 사진을 보고 알맞은 단어를 찾아 번호를 쓰세요.

1  **2** **3** **4**

rabbit ☐ nose ☐ tail ☐ elephant ☐

B 단어와 우리말 뜻을 선으로 연결하고, 빈칸에 단어를 쓰세요.

1 they • • 가지다 ⇒ _____

2 have • • 그들 ⇒ _____

3 short • • 짧은 ⇒ _____

4 big • • 큰 ⇒ _____

C 우리말 뜻에 해당하는 단어를 찾아 동그라미 하세요.

1 긴 elslongtayg

2 꼬리 longtailswa

3 토끼 subrabbitnb

4 작은 gensmallitn

Sentence Check

D 그림의 동물을 바르게 묘사하는 말을 골라 ☑ 표 하세요.

1

They are elephants.

☐ They are big. ☐ They are short.

2

They are rabbits.

☐ They are small. ☐ They are long.

TIP elephants, rabbits처럼 단어 끝에 s가 붙으면 여러 마리 동물이 있다는 뜻이에요. 여러 마리의 동물을 가리킬 때, 주어로 they를 사용해요.

E 우리말과 같도록 보기 에서 알맞은 단어를 찾아 문장을 완성하세요.

보기	tail elephant long They

1 그들은 (몸집이) 커요.　　　➡ ＿＿＿＿＿＿ are big.

2 그들은 코끼리예요.　　　➡ They are ＿＿＿＿＿＿s.

3 그들은 긴 코를 가졌어요.　➡ They have ＿＿＿＿＿ noses.

4 그들은 짧은 꼬리를 가졌어요.　➡ They have short ＿＿＿＿＿s.

나만의 문장 만들기　보기 를 활용하여 동물을 소개하는 문장을 완성해 보세요.

They are ＿＿＿＿＿＿＿. 그들은 (동물)예요.

They are ＿＿＿＿＿＿＿. 그들은 (특징)해요.

보기
pigs 돼지　bears 곰
monkeys 원숭이　giraffes 기린
zebras 얼룩말　birds 새

My Puppy Is Soft, Too!

STEP 1 단어 알기   단어를 보고, 듣고, 큰 소리로 따라 읽으세요. Track 07

① **bone** 뼈

② **rock** 바위

③ **wood** 나무, 목재

④ **glass** 유리

⑤ **grass** 풀

⑥ **sweater** 스웨터

⑦ **pillow** 베개

⑧ **puppy** 강아지

⑨ **hard** 단단한, 딱딱한

⑩ **soft** 부드러운

It's a bone . It's a rock .

그것은 뼈예요. 그것은 바위예요.

It's glass . It's wood .

그것은 유리예요. 그것은 목재예요.

They are hard .

그것들은 단단해요.

It's a sweater . It's grass .

그것은 스웨터예요. 그것은 풀이에요.

It's a pillow . They are soft .

그것은 베개예요. 그것들은 부드러워요.

My puppy is soft, too!

내 강아지도 부드러워요!

Word Quiz

hard와 반대의 의미를 가진 단어는 무엇일까요?

◯ soft ◯ wood

Word Check

A 사진을 보고 알맞은 단어를 골라 선으로 연결하세요.

1   bone
    wood

2   rock
    puppy

3   glass
    grass

4   pillow
    sweater

B 우리말 뜻과 같도록 보기 에서 알맞은 단어를 찾아 쓰세요.

보기   hard   soft   bone   puppy

1 _____
강아지

2 _____
부드러운

3 _____
뼈

4 _____
단단한, 딱딱한

C 우리말 뜻을 보고 빈칸에 알맞은 글자를 써서 단어를 완성하세요.

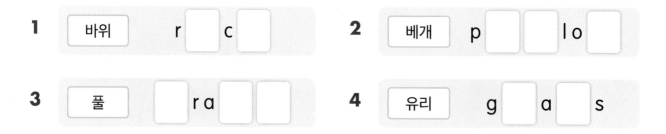

1 바위   r ☐ c ☐

2 베개   p ☐ ☐ l o ☐

3 풀   ☐ r a ☐

4 유리   g ☐ a ☐ s

Sentence Check

D 그림에 알맞은 말을 골라 ☑ 표 하세요.

1

  ☐ It's a bone.

  ☐ It's a rock.

2

  ☐ It's a pillow.

  ☐ It's a puppy.

3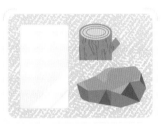

  ☐ They are soft.

  ☐ They are hard.

E 우리말과 같도록 주어진 글자를 바르게 배열하여 문장을 완성하세요.

1 그것은 목재예요. ➡ It's _____.
(o d w o)

2 그것들은 단단해요. ➡ They are _____.
(d a r h)

3 내 강아지도 부드러워요! ➡ My _____ is soft, too!
(p p u y p)

4 그것은 스웨터예요. ➡ It's a _____.
(t e w s e a r)

나만의 문장 만들기 물건을 묘사하는 문장을 완성해 보세요.

  It's _____. 그것은 (물건)이에요.

  It's _____. 그것은 (단단해요 / 부드러워요).

DAY 5 It's Time to Sleep

① girl
소녀, 여자아이

② bath 목욕
- take a bath 목욕하다

③ time 시간

④ bedroom 침실

⑤ bathroom 욕실, 화장실

⑥ night 밤

⑦ good 좋은

TIP Good night! 잘 자!

⑧ little 어린

⑨ go 가다

⑩ sleep 자다

Go to the bathroom .

욕실로 가렴.

It's time to take a bath .

목욕할 시간이야.

 Okay!

알겠어요!

 Go to the bedroom .

침실로 가렴.

It's time to sleep .

잘 시간이야.

Good night , my little girl !

잘 자렴, 나의 어린 소녀야!

Word Quiz

집 안에서 침대가 있는
장소는 어디일까요?

◯ bedroom
◯ bathroom

Word Check

A 사진을 보고 알맞은 단어를 찾아 번호를 쓰세요.

bath [ ] sleep [ ] bedroom [ ] bathroom [ ]

B 단어와 우리말 뜻을 선으로 연결하고, 빈칸에 단어를 쓰세요.

1 go · · 가다 ⇒ _____

2 time · · 밤 ⇒ _____

3 girl · · 시간 ⇒ _____

4 night · · 소녀, 여자아이 ⇒ _____

C 우리말 뜻에 해당하는 단어를 찾아 동그라미 하세요.

1 좋은 elokagoodyi

2 어린 olittleampw

3 목욕 subathtsatb

4 침실 bedroomenlk

Sentence Check

D 그림에 알맞은 말을 골라 ☑ 표 하세요.

1

Go to the bathroom.

Go to the bedroom.

2

It's time to sleep.

It's time to take a bath.

E 우리말과 같도록 보기 에서 알맞은 말을 찾아 문장을 완성하세요.

보기	time bedroom bath Good night

1 잘 시간이야.   ➡ It's _____ to sleep.

2 목욕할 시간이야.   ➡ It's time to take a _____.

3 침실로 가렴.   ➡ Go to the _____.

4 잘 자렴, 나의 어린 소녀야!   ➡ _____ _____, my little girl!

나만의 문장 만들기 때를 알려주는 문장을 완성해 보세요.

It's time to _____. (할 일) 시간이에요.

It's time to _____. (할 일) 시간이에요.

A 잘 듣고, 들려주는 순서대로 사진에 번호를 쓰세요. Track **11**

   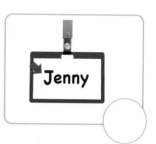

B 잘 듣고, 알맞은 단어에 동그라미 하세요. Track **12**

1

rock   glass

2

this   that

3

bath   sleep

4

bedroom   bathroom

C 서로 반대의 의미를 가진 단어를 찾아 선으로 연결하세요.

1
new
새로 산

2
big
큰

3
hard
단단한

4
long
긴

soft

small

short

old

D 그림을 보고 알맞은 단어를 골라 동그라미 하세요.

1
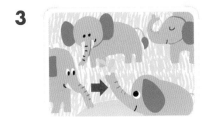
It's my old (robot / doll).

2
My (pillow / rabbit) is soft.

3
They have long (noses / tails).

E 우리말과 같도록 알맞은 단어를 써서 문장을 완성하세요.

1 욕실로 가렴. ➡ _____ to the bathroom.

2 목욕할 시간이야. ➡ It's _____ to take a bath.

3 그것은 내가 새로 산 인형이야. ➡ It's my new _____.

4 그것들은 단단해요. ➡ They are _____.

5 잘 자렴, 나의 어린 소녀야! ➡ Good night, my _____ girl!

F 보기 에서 알맞은 단어를 골라 문장을 완성하세요.

| 보기 | small | What | bag | this | name | rabbits |

1

Ⓐ _____ is your name?

Ⓑ My _____ is Amy.

2

Ⓐ What's _____?

Ⓑ This is my _____.

3

They are _____.

They are _____.

Word Search

⭐ 문장을 읽고 빈칸에 들어갈 알맞은 단어를 보기 에서 찾아 문장을 완성하세요.

1 It's time to sleep. Good _____ !

2 A _____ is hard.

3 A rabbit has a _____ tail.

4 It's _____ .

5 An _____ has a long nose.

6 Nice to _____ you!

7 This is my _____ .

8 A _____ is soft.

보기

grass

night

short

bone

meet

elephant

sweater

puppy

⭐ 보기 에 있는 8개의 단어를 찾아 동그라미 하세요.

e	l	e	p	h	a	n	t	p	b	j	f	d	z	n
p	g	m	o	x	c	h	v	k	c	i	d	m	y	i
u	g	r	h	s	w	e	a	t	e	r	l	p	e	g
p	r	z	x	f	s	r	l	j	s	t	p	l	z	h
p	a	u	l	m	c	w	s	e	i	u	a	j	o	t
y	s	d	u	v	m	e	e	t	s	j	p	p	k	w
e	s	s	h	o	r	t	k	a	f	h	b	o	n	e

STEP **1** 단어 알기 단어를 보고, 듣고, 큰 소리로 따라 읽으세요. Track **13**

1st 2nd 3rd
○ ○ ○

① **four** 넷, 네 개의, 사

4

② **six** 여섯, 여섯 개의, 육

6

③ **large** 큰

④ **eye** 눈

⑤ **leg** 다리

⑥ **bee** 벌

⑦ **wing** 날개

⑧ **honey** 꿀

⑨ **and** ~와, 그리고

⑩ **collect** 모으다

What is it?

그것은 무엇일까요?

It has large eyes .

그것은 큰 눈을 가졌어요.

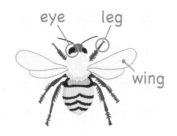

▲ a bee

It has six legs and four wings .

그것은 여섯 개의 다리와 네 개의 날개를 가졌어요.

It collects honey .

그것은 꿀을 모아요.

It's a bee !

그것은 벌이에요!

Word Quiz

It 다음에 오는 have의 알맞은
형태는 무엇일까요?

◯ have   ◯ has

Word Check

A 사진을 보고 알맞은 단어를 골라 선으로 연결하세요.

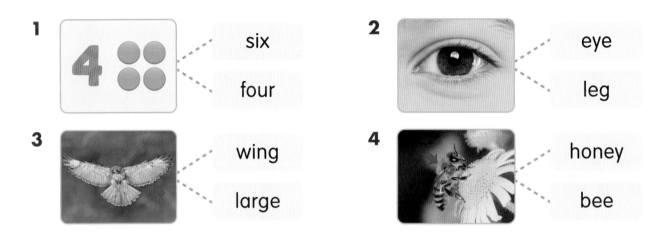

1
six
four

2
eye
leg

3
wing
large

4
honey
bee

B 우리말 뜻과 같도록 보기 에서 알맞은 단어를 찾아 쓰세요.

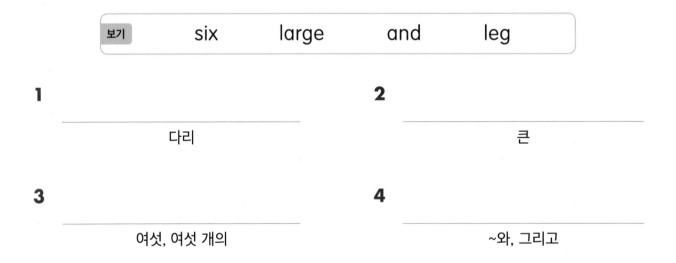

보기   six   large   and   leg

1
_____
다리

2
_____
큰

3
_____
여섯, 여섯 개의

4
_____
~와, 그리고

C 우리말 뜻을 보고 빈칸에 알맞은 글자를 써서 단어를 완성하세요.

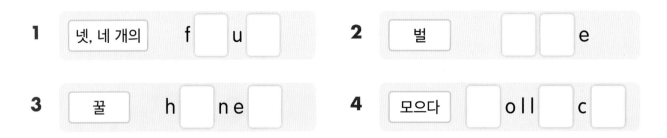

1 넷, 네 개의   f ☐ u ☐

2 벌   ☐ ☐ e

3 꿀   h ☐ n e ☐

4 모으다   ☐ o l l ☐ c ☐

Sentence Check

D 그림에 알맞은 말을 <u>모두</u> 골라 ☑ 표 하세요.

It has four legs.

It has six legs.

It has two wings.

It has four wings.

> **TIP** 명사가 여러 개 있을 때는 단어 뒤에 s를 붙여서 eyes, legs, wings 등으로 표현해요.

E 우리말과 같도록 주어진 글자를 바르게 배열하여 문장을 완성하세요.

1 그것은 벌이에요!　　⇒　It's a _____!
　　　　　　　　　　　　　　　　（e b e）

2 그것은 꿀을 모아요.　　⇒　It collects _____.
　　　　　　　　　　　　　　　　　（o h e y n）

3 그것은 큰 눈을 가졌어요.　⇒　It has large _____s.
　　　　　　　　　　　　　　　　　　（e e y）

4 그것은 여섯 개의 다리와 네 개의　⇒　It has six legs and four _____s.
　　날개를 가졌어요.　　　　　　　　　　　　　　　　　（i n g w）

나만의 문장 만들기　벌(bee)을 묘사하는 문장을 완성해 보세요.

It has _____ _____.　그것은 (신체 특징) (신체)를
　　　　　　　　　　　　　　　　　가지고 있어요.

It collects _____.　그것은 꿀을 모아요.

I Like Fruits

1 apple
사과

2 orange
오렌지

3 grapes
포도

4 strawberry
딸기

TIP 딸기 여러 개를 가리킬 때는
y를 ies로 바꾸어
strawberries로 표현해요.

5 fruit
과일

6 jam 잼

7 milk 우유

8 juice 주스

9 fresh 신선한

10 like 좋아하다

I like fruits .

나는 과일을 좋아해요.

I like apples . They are fresh .

나는 사과를 좋아해요. 그것들은 신선해요.

I like grapes . I like grape juice .

나는 포도를 좋아해요. 나는 포도 주스를 좋아해요.

I like oranges . I like orange jam .

나는 오렌지를 좋아해요. 나는 오렌지잼을 좋아해요.

I like strawberries . I like strawberry milk .

나는 딸기를 좋아해요. 나는 딸기 우유를 좋아해요.

Word Quiz

딸기 여러 개를 가리키는
단어는 무엇일까요?

◯ strawberrys
◯ strawberries

Word Check

A 사진을 보고 알맞은 단어를 찾아 번호를 쓰세요.

1 2 3 4

jam ☐   milk ☐   apple ☐   grapes ☐

B 단어와 우리말 뜻을 선으로 연결하고, 빈칸에 단어를 쓰세요.

1 fruit · · 주스 ⇒ _____

2 orange · · 과일 ⇒ _____

3 like · · 오렌지 ⇒ _____

4 juice · · 좋아하다 ⇒ _____

C 우리말 뜻에 해당하는 단어를 찾아 동그라미 하세요.

1 사과 cdapplemytn   2 신선한 fshpfreshrg

3 좋아하다 scmilkeslike   4 딸기 lstrawberrya

Sentence Check

D 그림에 알맞은 말을 골라 ☑ 표 하세요.

1

☐ I like grapes.

☐ I like oranges.

2

☐ I like milk.

☐ I like juice.

E 우리말과 같도록 보기 에서 알맞은 말을 찾아 문장을 완성하세요.

| 보기 | orange jam | grapes | strawberries | fresh |

1 나는 포도를 좋아해요. ⇒ I like _____.

2 그것들은 신선해요. ⇒ They are _____.

3 나는 딸기를 좋아해요. ⇒ I like _____.

4 나는 오렌지잼을 좋아해요. ⇒ I like _____ _____.

나만의 문장 만들기 내가 좋아하는 음식을 소개하는 문장을 완성해 보세요.

I like _____. 나는 (과일)을 좋아해요.

I like _____ _____. 나는 (그 과일로 된) (음식)을 좋아해요.

I Don't Like Vegetables

STEP 1 단어 알기 단어를 보고, 듣고, 큰 소리로 따라 읽으세요. Track 17

1st 2nd 3rd
○ ○ ○

① **meat** 고기

TIP 고기는 정해진 모양이 없어서 개수를 셀 수 없어요. 그래서 meat 앞에 a(n)도 붙이지 않고, 복수형으로도 쓰지 않아요.

② **potato** 감자

③ **tomato** 토마토

TIP 감자와 토마토 여러 개를 가리킬 때는 단어 뒤에 es를 붙여 potatoes, tomatoes로 표현해요.

④ **bean** 콩, 두류

TIP 콩 한 알은 a pea로 표현해요.

⑤ **vegetable** 채소

⑥ **butterfly** 나비

⑦ **cute** 귀여운

⑧ **look** 보다, ~해 보이다

⑨ **or** ~(이)나, 혹은

⑩ **but** 하지만, 그러나

I like meat , but I don't like vegetables .

나는 고기를 좋아해, 하지만 나는 채소를 좋아하지 않아.

I don't like beans , potatoes ,
or tomatoes .

나는 콩, 감자나 토마토를 좋아하지 않아.

 Look ! It's a butterfly .

봐! 그것은 나비야.

 It's cute !

그것은 귀여워!

Word Quiz

potato, tomato, bean 등의
단어를 포함하는 말은 무엇
일까요?

◯ meat
◯ vegetables

Word Check

A 사진을 보고 알맞은 단어를 골라 선으로 연결하세요.

1 tomato / potato

2 butterfly / bean

3 look / bean

4 vegetable / meat

B 우리말 뜻과 같도록 보기 에서 알맞은 단어를 찾아 쓰세요.

보기   cute   potato   vegetable   or

1 _____
   귀여운

2 _____
   ~(이)나, 혹은

3 _____
   채소

4 _____
   감자

C 우리말 뜻을 보고 빈칸에 알맞은 글자를 써서 단어를 완성하세요.

1 보다, ~해 보이다   l ☐ ☐ k

2 토마토   ☐ o ☐ ☐ t o

3 콩, 두류   ☐ e ☐ ☐

4 하지만, 그러나   b ☐ ☐

Sentence Check

D 그림에 알맞은 말을 골라 ☑ 표 하세요.

1

☐ I like meat.

☐ I like vegetables.

2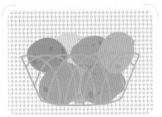

☐ They are potatoes.

☐ They are tomatoes.

E 우리말과 같도록 주어진 글자를 바르게 배열하여 문장을 완성하세요.

1 봐! ➡ _____!
(L k o o)

2 그것은 귀여워! ➡ It's _____!
(e t u c)

3 그것은 나비야. ➡ It's a _____.
(t u t b r f l e y)

4 나는 고기를 좋아해, 하지만 ➡ I like meat, but I don't like _____s.
나는 채소를 좋아하지 않아. (e l g b a t v e e)

나만의 문장 만들기 내가 좋아하지 않는 음식을 소개하는 문장을 완성해 보세요.

I don't like _____. 나는 채소를 좋아하지 않아요.

I don't like _____. 나는 (채소 이름)을 좋아하지 않아요.

Look at the Blue Sea

DAY 9

STEP 1 단어 알기 단어를 보고, 듣고, 큰 소리로 따라 읽으세요. Track 19

① **white** 하얀, 하얀색

② **blue** 파란, 푸른, 파란색

③ **sun** 태양, 해

④ **sky** 하늘

⑤ **cloud** 구름

sky
cloud

⑥ **sea** 바다

⑦ **beach** 해변, 바닷가

⑧ **sand** 모래

⑨ **fun** 재미있는

⑩ **play** 놀다

 The sun is in the sky .

태양이 하늘에 있어.

Look at the white clouds .

하얀 구름을 봐.

 Look at the blue sea .

푸른 바다를 봐.

Let's play at the beach .

해변에서 놀자.

 Let's play in the sand .

모래에서 놀자. (모래 놀이하자.)

 It's fun !

재미있다!

Word Quiz

다음 중 하늘에서 볼 수
없는 것은 무엇일까요?

◯ sun
◯ cloud
◯ sand

Word Check

A 사진을 보고 알맞은 단어를 찾아 번호를 쓰세요.

sea ☐   sun ☐   cloud ☐   sand ☐

B 단어와 우리말 뜻을 선으로 연결하고, 빈칸에 단어를 쓰세요.

1 fun •   • 파란, 푸른 ➡ _____

2 white •   • 하얀 ➡ _____

3 blue •   • 해변, 바닷가 ➡ _____

4 beach •   • 재미있는 ➡ _____

C 우리말 뜻에 해당하는 단어를 찾아 동그라미 하세요.

1 놀다 k p l a y a n t a b i   2 태양, 해 z x c s u n b n t l d

3 하늘 c d f s k y o u p z   4 구름 a b c l o u d g i v f

Sentence Check

D 그림에 알맞은 말을 골라 ☑ 표 하세요.

1

☐ Look at the clouds.

☐ Look at the sun.

TIP Look at~.은 '~을 보세요.'라는 뜻의 명령문이에요.

2

☐ Let's play in the sand.

☐ Let's play in the sea.

E 우리말과 같도록 보기 에서 알맞은 말을 찾아 문장을 완성하세요.

보기	play	cloud	sky	sea	sun

1 해변에서 놀자. ➡ Let's _____ at the beach.

2 푸른 바다를 봐. ➡ Look at the blue _____.

3 태양이 하늘에 있어. ➡ The _____ is in the _____.

4 하얀 구름을 봐. ➡ Look at the white _____s.

나만의 문장 만들기 아름다운 자연을 묘사하는 문장을 완성해 보세요.

Look at the _____. (자연)을 봐요.

Let's _____! 같이 놀아요!

STEP 1 단어 알기   단어를 보고, 듣고, 큰 소리로 따라 읽으세요. Track 21

❶ **book** 책

❷ **pencil** 연필

❸ **door** 문

❹ **open** 열다, 펼치다

❺ **close** 닫다, 덮다

❻ 구 **sit down** 앉다

❼ 구 **stand up** 일어서다

❽ 구 **take out** 꺼내다

❾ **please** ~해 주세요, 제발

TIP 명령문에 please를 덧붙이면, 정중하게
표현할 수 있어요.

❿ **quiet** 조용한

• Please be quiet.
조용히 해 주세요.

Sit down .

앉으세요.

Stand up .

일어서세요.

Open the door .

문을 여세요.

Close the door.

문을 닫으세요.

Open your book .

당신의 책을 펼치세요.

Close your book.

당신의 책을 덮으세요.

Take out your pencil .

당신의 연필을 꺼내세요.

Please be quiet .

조용히 해 주세요.

Word Quiz

open과 반대의 의미를 가진 단어는 무엇일까요?

◯ close   ◯ sit   ◯ stand

Word Check

A 사진을 보고 알맞은 단어를 골라 선으로 연결하세요.

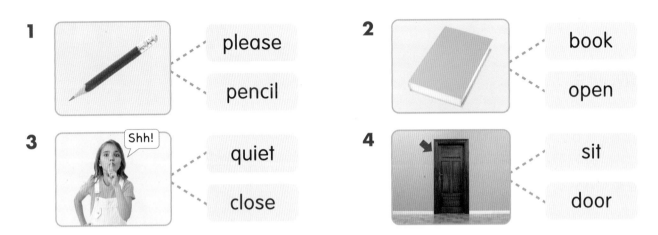

1 please / pencil

2 book / open

3 quiet / close

4 sit / door

B 우리말 뜻과 같도록 보기 에서 알맞은 말을 찾아 쓰세요.

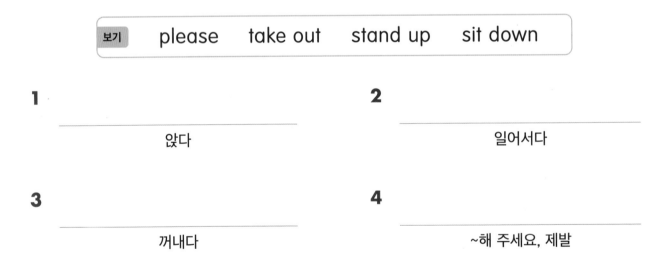

보기   please   take out   stand up   sit down

1
_____
앉다

2
_____
일어서다

3
_____
꺼내다

4
_____
~해 주세요, 제발

C 우리말 뜻을 보고 빈칸에 알맞은 글자를 써서 단어를 완성하세요.

1 열다   ☐ p ☐ n

2 닫다   ☐ l ☐ e

3 조용한   q ☐ i ☐ t

4 연필   p e ☐ ☐ ☐

Sentence Check

D 그림에 알맞은 말을 골라 ☑ 표 하세요.

1

Sit down.

Stand up.

2

Take out your book.

Take out your pencil.

E 우리말과 같도록 주어진 글자를 바르게 배열하여 문장을 완성하세요.

1 당신의 책을 펼치세요. ➡ _____ your book.
(e n p O)

2 문을 닫으세요. ➡ Close the _____.
(o o r d)

3 일어서세요. ➡ _____ _____.
(d S a t n)　　(p u)

4 조용히 해 주세요. ➡ _____ be quiet.
(e l s a e P)

나만의 문장 만들기 상대방에게 요청하거나 명령하는 문장을 완성해 보세요.

_____ the door. 문을 (여세요 / 닫으세요).

_____ your pencil. 당신의 연필을 꺼내세요.

A 잘 듣고, 들려주는 순서대로 사진에 번호를 쓰세요. Track 23

B 잘 듣고, 알맞은 단어에 동그라미 하세요. Track 24

1

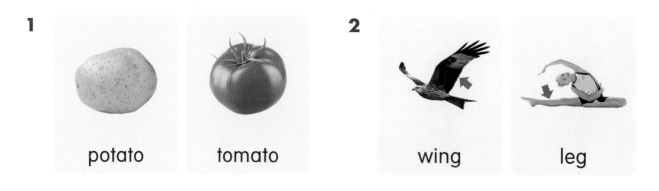

potato　　　　tomato

2

wing　　　　leg

3

sun　　　　cloud

4

sit down　　　　stand up

C 그림에 해당하는 우리말 뜻과 단어를 찾아 선으로 연결하세요.

포도 · · oranges

사과 · · strawberries

딸기 · · grapes

오렌지 · · apples

D 그림을 보고 알맞은 단어를 골라 동그라미 하세요.

1    I like (juice / jam).

2    A (bee / butterfly) has (four / six) legs.

3    Let's play in the (sand / beach).

E 우리말과 같도록 알맞은 단어를 써서 문장을 완성하세요.

1 나는 과일을 좋아해요. ➡ I like _____s.

2 당신의 책을 덮으세요. ➡ _____ your book.

3 그것은 큰 눈을 가졌어요. ➡ It has _____ _____s.

4 당신의 연필을 꺼내세요. ➡ _____ _____ your pencil.

5 해변에서 놀자. ➡ Let's _____ at the beach.

F 보기 에서 알맞은 단어를 골라 문장을 완성하세요.

보기	fresh butterfly cute honey apple bee

1

It's a _____!

It collects _____.

2

I like the _____.

It's _____.

3

Look! It's a _____.

It's _____!

Ladder Game

⭐ 그림이 뜻하는 단어를 힌트 에서 찾아, 사다리를 타고 내려 간 문장의 빈칸에 쓰세요.

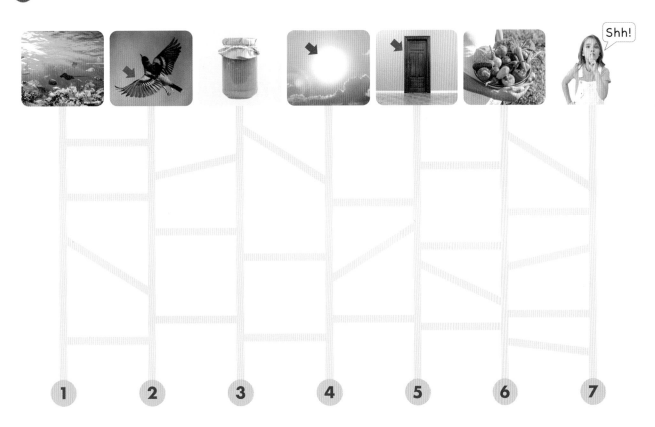

1. Please be _____.

2. Look at the blue _____.

3. Open the _____.

4. The _____ is in the sky.

5. It has two _____s.

6. I don't like _____s.

7. I like orange _____.

힌트

sea

jam

sun

vegetable

door

quiet

wing

DAY 11 I Can Play Baseball

1 ball 공

2 bat (야구) 방망이

3 glove (야구) 장갑

4 baseball 야구

5 run 달리다, 뛰다

6 hit 치다, 때리다

7 catch 잡다

8 throw 던지다

9 can ~할 수 있다

TIP I can ~.은 '나는 ~할 수 있다.'라는 의미예요. can 다음에 오는 동사는 항상 동사원형으로 나타내요.

10 with ~로, ~를 이용해서

I can play baseball.

나는 야구를 할 수 있어요.

I can throw a ball.

나는 공을 던질 수 있어요.

I can hit the ball with a bat.

나는 (야구) 방망이로 공을 칠 수 있어요.

I have a glove.

나는 (야구) 장갑이 있어요.

Word Quiz

야구에서 공을 칠 때 사용하는
물건은 무엇일까요?

◯ bat   ◯ glove

I can run and catch the ball.

나는 달려서 공을 잡을 수 있어요.

Word Check

A 사진을 보고 알맞은 단어를 찾아 번호를 쓰세요.

hit ☐　　glove ☐　　bat ☐　　catch ☐

B 단어와 우리말 뜻을 선으로 연결하고, 빈칸에 단어를 쓰세요.

1　can　·　　·　야구　➡ _____

2　run　·　　·　달리다　➡ _____

3　throw　·　　·　던지다　➡ _____

4　baseball　·　　·　~할 수 있다　➡ _____

C 우리말 뜻에 해당하는 단어를 찾아 동그라미 하세요.

1　공　wycaballno

2　~를 이용해서　tinowithlp

3　잡다　amocwcatch

4　던지다　whnqthrowk

Sentence Check

D 그림에 알맞은 말을 골라 ☑ 표 하세요.

1

☐ I can hit the ball.

☐ I can catch the ball.

2

☐ I have a glove.

☐ I have a bat.

E 우리말과 같도록 보기 에서 알맞은 말을 찾아 문장을 완성하세요.

보기　　　run　　catch　　glove　　baseball　　throw

1 나는 공을 던질 수 있어요.　⇒　I can _____ a ball.

2 나는 야구를 할 수 있어요.　⇒　I can play _____.

3 나는 (야구) 장갑이 있어요.　⇒　I have a _____.

4 나는 달려서 공을 잡을 수 있어요.　⇒　I can _____ and _____ the ball.

나만의 문장 만들기 내가 할 수 있는 동작을 묘사하는 문장을 완성해 보세요.

I can _____ the ball. 나는 공을 던질 수 있어요.

I can _____ the ball. 나는 공을 잡을 수 있어요.

Do You Have Red Paper?

❶ **red** 빨간, 빨간색
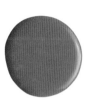

❷ **pink** 분홍색의, 분홍색

❸ **clip** 클립

❹ **glue** 풀

❺ **paper** 종이

❻ **scissors** 가위

❼ **flower** 꽃

❽ **parents** 부모님

❾ **make** 만들다

❿ **start** 시작하다

Let's make flowers .

꽃을 만들어 보자.

They are for my parents .

그것들은 우리 부모님을 위한 거야.

Do you have red paper ?

너는 빨간 종이가 있니?

Yes, I do. I have pink paper, too.

응, 있어. 나는 분홍 종이도 있어.

Do you have scissors and glue ?

너는 가위와 풀이 있니?

No, I don't. I have paper clips .

아니, 없어. 나는 종이 클립이 있어.

Let's start !

시작해 보자!

Word Quiz

종이를 자르는 데 사용하는 물건은
무엇일까요?

◯ scissors   ◯ glue

Word Check

A 사진을 보고 알맞은 단어를 골라 선으로 연결하세요.

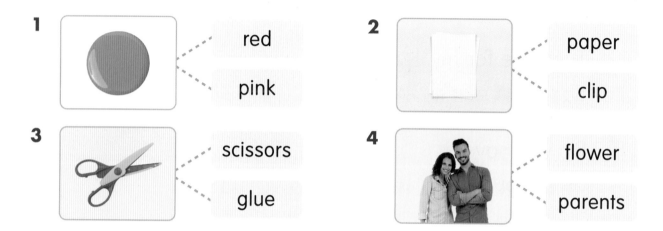

1   red   pink

2   paper   clip

3   scissors   glue

4   flower   parents

B 우리말 뜻과 같도록 보기 에서 알맞은 단어를 찾아 쓰세요.

보기   flower   start   red   make

1 _____
만들다

2 _____
시작하다

3 _____
빨간, 빨간색

4 _____
꽃

C 우리말 뜻을 보고 빈칸에 알맞은 글자를 써서 단어를 완성하세요.

1   클립   c ☐ ☐ p

2   풀   ☐ ☐ u e

3   가위   ☐ c ☐ s s o r s

4   부모님   ☐ a ☐ n t s

Sentence Check

D 그림에 알맞은 말을 골라 ☑ 표 하세요.

1

Yes, I do.

Do you have glue?

Do you have paper clips?

2

No, I don't.

Do you have flowers?

Do you have scissors?

E 우리말과 같도록 주어진 글자를 바르게 배열하여 문장을 완성하세요.

1 시작해 보자! ➡ Let's _____!
(t a r s t)

2 꽃을 만들어 보자. ➡ Let's make _____s.
(w o r e f l)

3 너는 빨간 종이가 있니? ➡ Do you have red _____?
(e p a r p)

4 그것들은 우리 부모님을 위한 거야. ➡ They are for my _____.
(p e n t s a r)

TIP scissors(가위)는 glasses(안경), pants(바지)와 같이 항상 복수형으로 쓰는 명사예요.

나만의 문장 만들기 무엇을 가지고 있는지 묻고 답하는 문장을 완성해 보세요.

Do you have _____? 당신은 (물건)을 가지고 있나요?

Yes, I do. I have _____, too. 네, 있어요. 나는 (물건)도 있어요.

DAY 13 Camo Moves Slowly

1 pet 반려동물

2 green 초록색, 초록색의

3 brown 갈색, 갈색의

4 gray 회색, 회색의

5 color 색깔

6 slowly 천천히, 느리게

7 funny 재미있는

8 move 움직이다

9 change 바꾸다, 바뀌다

10 introduce 소개하다

Let me introduce my pet.

제 반려동물을 소개할게요.

This is Camo.

얘는 카모예요.

Camo moves slowly.

카모는 천천히 움직여요.

Camo is funny.

카모는 재미있어요.

Camo changes colors.

카모는 (몸) 색깔을 바꿔요.

Camo can be green, brown, or gray.

카모는 초록색, 갈색, 또는 회색이 될 수도 있지요.

WordQuiz

green, brown, gray 등의 단어를
포함하는 말은 무엇일까요?

○ pets   ○ colors

Word Check

A 사진을 보고 알맞은 단어를 찾아 번호를 쓰세요.

brown ☐   gray ☐   pet ☐   green ☐

B 단어와 우리말 뜻을 선으로 연결하고, 빈칸에 단어를 쓰세요.

1 change · · 움직이다 ➡ _____

2 move · · 재미있는 ➡ _____

3 funny · · 바꾸다, 바뀌다 ➡ _____

4 introduce · · 소개하다 ➡ _____

C 우리말 뜻에 해당하는 단어를 찾아 동그라미 하세요.

1 색깔 n o c o l o r n t u v   2 움직이다 q d f g m o v e w t e

3 반려동물 p o k p e t g r a y r   4 천천히 s l o w l y z x c v b

Sentence Check

D 그림에 알맞은 말을 골라 ☑ 표 하세요.

It can be red or gray.

It can be brown or pink.

It can be green or brown.

E 우리말과 같도록 보기 에서 알맞은 단어를 찾아 문장을 완성하세요.

보기	slowly change introduce funny

1 카모는 재미있어요.　　➡　Camo is _____.

2 카모는 천천히 움직여요.　➡　Camo moves _____.

3 제 반려동물을 소개할게요.　➡　Let me _____ my pet.

4 카모는 (몸) 색깔을 바꿔요.　➡　Camo _____s colors.

나만의 문장 만들기　나의 반려동물을 소개하는 문장을 완성해 보세요.

This is _____. 이것은 (반려동물 이름)예요.

_____ is _____. (반려동물 이름)은 (특징)해요.

DAY 14 I See My Cat in the Basket

STEP 1 단어 알기   단어를 보고, 듣고, 큰 소리로 따라 읽으세요. Track 31

1st 2nd 3rd

① **cat** 고양이

② **desk** 책상

③ **chair** 의자

④ **basket** 바구니

⑤ **socks** 양말

⑥ **textbook** 교과서

⑦ **in** ~ 안에

⑧ **on** ~ 위에
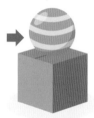

⑨ **under** ~ 아래에

TIP in, on, under 모두 '위치'를 나타내는 전치사예요.

⑩ **see** 보다

What do you see ?

무엇이 보이나요?

I see a textbook on the desk .

나는 책상 위에 있는 교과서가 보여요.

I see socks under the chair .

나는 의자 아래에 있는 양말이 보여요.

I see my cat in the basket .

나는 바구니 안에 있는 내 고양이가 보여요.

Meow

Word Quiz

어떤 물건이 '~ 위에'
있다고 표현할 때 쓰는
단어는 무엇일까요?

◯ on
◯ in
◯ under

Word Check

A 사진을 보고 알맞은 단어를 골라 선으로 연결하세요.

1
- in
- on

2
- chair
- desk

3
- cat
- socks

4
- basket
- textbook

B 우리말 뜻과 같도록 보기 에서 알맞은 단어를 찾아 쓰세요.

보기   see   on   textbook   socks

1
_____
양말

2
_____
보다

3
_____
교과서

4
_____
~ 위에

C 우리말 뜻을 보고 빈칸에 알맞은 글자를 써서 단어를 완성하세요.

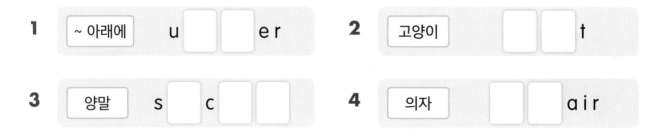

1 ~ 아래에   u ☐ ☐ e r

2 고양이   ☐ ☐ t

3 양말   s ☐ c ☐

4 의자   ☐ ☐ a i r

Sentence Check

D 그림에 알맞은 말을 골라 ☑ 표 하세요.

1

I see a textbook on the desk.

I see a textbook in the desk.

2

I see a cat on the chair.

I see a cat under the chair.

E 우리말과 같도록 주어진 글자를 바르게 배열하여 문장을 완성하세요.

1 무엇이 보이나요?

➡ What do you _____ ?
(e s e)

2 나는 바구니 안에 있는 내 고양이가 보여요. ➡ I see my cat in the _____ .
(a b t e s k)

3 나는 책상 위에 있는 교과서가 보여요. ➡ I see a _____ on the desk.
(k b o o t t x e)

4 나는 의자 아래에 있는 양말이 보여요. ➡ I see socks under the _____ .
(r i h c a)

나만의 문장 만들기 물건의 위치를 설명하는 문장을 완성해 보세요.

I see a(n) _____ _____ my desk.

나는 내 책상 (위치)에 있는 (물건)이 보여요.

Don't Take Pictures

1 we
우리

2 noise 소음, 시끄러운 소리

• make noise 시끄러운 소리를 내다

3 museum 박물관

4 picture
사진

5 take (사진을) 찍다

• take a picture 사진을 찍다

6 push 밀다

7 touch 만지다

8 enter 들어가다

9 read 읽다

10 aloud 큰 소리로

• read aloud 큰 소리로 읽다

We are at the museum .

우리는 박물관에 있어요.

Can you read aloud ?

여러분이 큰 소리로 읽어줄 수 있나요?

Don't push . Don't touch .

밀지 마세요. 만지지 마세요.

Don't make noise .

시끄러운 소리를 내지 마세요.

Don't enter .

들어가지 마세요.

Don't take pictures .

사진을 찍지 마세요.

Word Quiz

역사적 유물이나 예술품을
전시하는 장소는 어디일까요?

◯ picture
◯ museum

Word Check

A 사진을 보고 알맞은 단어를 찾아 번호를 쓰세요.

1    2   3   4

read ⬜   picture ⬜   push ⬜   noise ⬜

B 단어와 우리말 뜻을 선으로 연결하고, 빈칸에 단어를 쓰세요.

1 aloud · · 박물관 ⇒ _____

2 we · · (사진을) 찍다 ⇒ _____

3 take · · 우리 ⇒ _____

4 museum · · 큰 소리로 ⇒ _____

C 우리말 뜻에 해당하는 단어를 찾아 동그라미 하세요.

1 밀다   p u s h i l p u q w a   2 읽다   t e r d e r e a d q g

3 만지다   n o t o u c h u v e t   4 들어가다   p l t n w e n t e r e

Sentence Check

D 그림에 알맞은 말을 <u>모두</u> 골라 ☑ 표 하세요.

Don't push.

Don't enter.

Don't make noise.

Don't take pictures.

E 우리말과 같도록 보기 에서 알맞은 단어를 찾아 문장을 완성하세요.

| 보기 | aloud | museum | noise | touch |

1 만지지 마세요.　　　　　　　　⇒　Don't _____.

2 시끄러운 소리를 내지 마세요.　　⇒　Don't make _____.

3 여러분이 큰 소리로 읽어줄 수 있나요?　⇒　Can you read _____?

4 우리는 박물관에 있어요.　　　　⇒　We are at the _____.

나만의 문장 만들기　내가 있는 장소를 말하고, 금지하는 문장을 완성해 보세요.

We are at the _____. 우리는 지금 (장소)에 있어요.

Don't _____. (행동) 하지 마세요.

A 잘 듣고, 들려주는 순서대로 사진에 번호를 쓰세요. Track **35**

B 잘 듣고, 알맞은 단어에 동그라미 하세요. Track **36**

1 desk　　socks

2 scissors　　glue

3 push　　run

4 catch　　throw

C 단어에 해당하는 우리말 뜻을 찾아 선으로 연결하세요.

1 make   **2** parents   **3** touch   **4** baseball

부모님   만들다   야구   만지다

D 그림을 보고 알맞은 단어를 골라 동그라미 하세요.

1

I can (hit / push) the ball.

2

I see a cat (on / under) the chair.

3

It (moves / changes) colors.

E 우리말과 같도록 알맞은 단어를 써서 문장을 완성하세요.

1 꽃을 만들어 보자. ⟹ Let's make _____s.

2 나는 책상 위에 있는 교과서가 보여요. ⟹ I see a _____ on the desk.

3 카모는 천천히 움직여요. ⟹ Camo moves _____.

4 여러분이 큰 소리로 읽어줄 수 있나요? ⟹ Can you read _____?

5 우리는 박물관에 있어요. ⟹ We are at the _____.

F 보기 에서 알맞은 단어를 골라 문장을 완성하세요.

보기	pet	noise	introduce	basket	in	take

1

Don't make _____.

Don't _____ pictures.

2

Ⓐ What do you see?

Ⓑ I see my cat _____ the _____.

3

Let me _____ my _____.

This is Camo.

Crossword Puzzle

⭐ 문장을 읽고 알맞은 단어를 찾아 퍼즐을 완성하세요.

Down ⬇

1 I can _____ .

2 _____ the screen.

3 I have a _____ .

6 Don't make _____ .

7 Do you have _____ paper?

Across ➡

3 Camo can be _____ .

4 Do you have _____ ?

5 I see a ball _____ the box.

STEP 1 단어 알기 단어를 보고, 듣고, 큰 소리로 따라 읽으세요. Track 37

1st 2nd 3rd
○ ○ ○

① ten 열, 열 개의, 십

② year ~살, ~년

TIP '숫자 + years old'는 '몇 살'이라는 뜻으로 나이를 나타내는 표현이에요.

③ gift 선물

④ today 오늘

⑤ birthday 생일

⑥ get 얻다, 받다

⑦ hope 바라다, 희망하다

⑧ many 많은

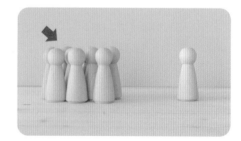

⑨ excited 신이 난

⑩ how 몇, 얼마나

How old are you?

너는 몇 살이니?

 I am ten years old.

나는 열 살이야.

Today is my birthday.

오늘은 내 생일이야.

I am excited !

나는 신이 나!

I hope I get many gifts.

나는 내가 많은 선물을 받기를 바라.

Word Quiz

'생일'을 뜻하는 단어는 무엇일까요?

◯ today   ◯ birthday

Word Check

A 사진을 보고 알맞은 단어를 골라 선으로 연결하세요.

1
gift
hope

2
year
birthday

3
ten
today

4
many
how

B 우리말 뜻과 같도록 보기 에서 알맞은 단어를 찾아 쓰세요.

보기   get   hope   today   excited

1
_____
오늘

2
_____
바라다, 희망하다

3
_____
얻다, 받다

4
_____
신이 난

C 우리말 뜻을 보고 빈칸에 알맞은 글자를 써서 단어를 완성하세요.

1 | 몇, 얼마나 | h [ ] [ ]

2 | ~살, ~년 | [ ] [ ] a r

3 | 바라다 | h [ ] [ ] e

4 | 오늘 | [ ] o d a [ ]

Sentence Check

D 그림에 알맞은 말을 골라 ☑ 표 하세요.

1

I am excited!

How old are you?

2

I am ten years old.

I am six years old.

E 우리말과 같도록 주어진 글자를 바르게 배열하여 문장을 완성하세요.

1 나는 신이 나!
➡ I am _____!
(e e t d i x c)

2 오늘은 내 생일이야.
➡ Today is my _____.
(t r y a b h i d)

3 나는 열 살이야.
➡ I am _____ _____ old.
(n e t) (a r y e s)

4 나는 내가 많은 선물을 받기를 바라. ➡ I hope I get _____ _____s.
(m y n a) (f i g t)

나만의 문장 만들기 나이를 묻고 답하는 문장을 완성해 보세요.

How old are you? 당신은 몇 살인가요?

I am _____. 나는 (몇) 살이에요.

보기		
one 하나	two 둘	three 셋
four 넷 five 다섯	six 여섯	seven 일곱
eight 여덟	nine 아홉	ten 열

This Is My Grandfather

STEP 1 단어 알기 단어를 보고, 듣고, 큰 소리로 따라 읽으세요. Track 39

1 **he** 그, 그분

2 **she** 그녀

3 **teacher** 선생님

4 **friend** 친구

5 **English** 영어

6 **cousin** 사촌

7 **grandfather** 할아버지

TIP '할머니'는 grandmother라고 표현해요.

8 **best** 최고의

• best friend 단짝 친구

9 **teach** 가르치다

10 **together** 함께

This is my grandfather .

이분은 내 할아버지예요.

He is a teacher .

그분은 선생님이시죠.

He teaches me English .

그분은 내게 영어를 가르쳐 주세요.

This is my cousin .

이 사람은 내 사촌이에요.

She is my best friend .

그녀는 내 단짝 친구지요.

We play together .

우리는 함께 놀아요.

Word Quiz

'가족'에 포함되는 단어는 무엇일까요?

◯ teacher   ◯ grandfather

Word Check

A 사진을 보고 알맞은 단어를 찾아 번호를 쓰세요.

1

2

3

4

grandfather ☐   English ☐   together ☐   teacher ☐

B 단어와 우리말 뜻을 선으로 연결하고, 빈칸에 단어를 쓰세요.

1 best ·   · 친구   ➡ _____

2 he ·   · 가르치다   ➡ _____

3 teach ·   · 최고의   ➡ _____

4 friend ·   · 그, 그분   ➡ _____

C 우리말 뜻에 해당하는 단어를 찾아 동그라미 하세요.

1 그녀 c e t s h e h u v e b   **2** 사촌 s d f r w c o u s i n

3 선생님 q t e a c h e r u i o   **4** 함께 e f g t o g e t h e r

Sentence Check

D 그림에 알맞은 말을 골라 ☑ 표 하세요.

1

He is my cousin.

She is my cousin.

2

This is my grandmother.

This is my grandfather.

E 우리말과 같도록 보기 에서 알맞은 말을 찾아 문장을 완성하세요.

보기	together	best	teacher	English	friend

1 그분은 선생님이시죠. ➡ He is a _____ .

2 그분은 내게 영어를 가르쳐 주세요. ➡ He teaches me _____ .

3 우리는 함께 놀아요. ➡ We play _____ .

4 그녀는 내 단짝 친구지요. ➡ She is my _____ _____ .

> **TIP** she와 he는 문장에서 주어로 사용되는 3인칭 대명사예요.

나만의 문장 만들기 나의 가족을 소개하는 문장을 완성해 보세요.

This is my _____ . 이 사람은 나의 (가족 관계)예요.

_____ is my _____ . (그 / 그녀)는 나의 (관계)예요.

DAY 18 See You Later!

STEP 1 단어 알기 단어를 보고, 듣고, 큰 소리로 따라 읽으세요. Track 41

1st 2nd 3rd

1 dog 개

2 bell 종

3 morning 아침, 오전

4 afternoon 낮, 오후

5 evening 저녁

morning ➡ afternoon ➡ evening

6 dream 꿈, 꿈을 꾸다

• Sweet dreams! 좋은 꿈 꿔!

7 bye 잘 가, 안녕

> **TIP** Bye!는 헤어질 때 하는 인사말로 '안녕!'이라는 뜻이에요. Good-bye!라고 말할 수도 있어요.

8 walk 산책, 걷다

• go for a walk 산책하다

9 quick 빨리, 빠른

10 later 나중에

Good morning , Max! My little dog !

좋은 아침이야, 맥스! 내 작은 개야!

See you later ! Bye !

나중에 봐! 안녕!

Good afternoon .

좋은 오후야.

This bell is for you.

이 종은 너를 위한 거란다.

Good evening .

좋은 저녁이야.

Let's go for a walk . Quick !

산책하러 가자. 빨리!

Good night! Sweet dreams !

잘 자! 좋은 꿈 꾸렴!

Word Quiz

'오후'에 할 수 있는 인사말은
무엇일까요?

◯ Good morning.
◯ Good afternoon.
◯ Good evening.

Word Check

A 사진을 보고 알맞은 단어를 골라 선으로 연결하세요.

1 bye
   later

2 dog
   dream

3 walk
   bell

4 morning
   evening

B 우리말 뜻과 같도록 보기 에서 알맞은 단어를 찾아 쓰세요.

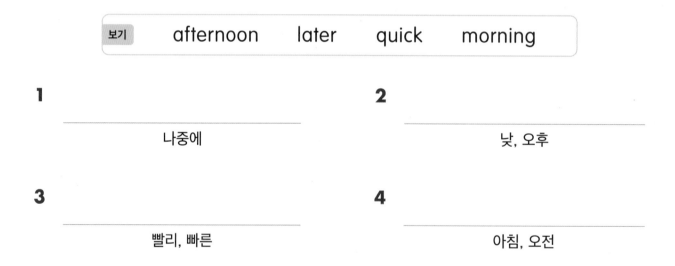

보기   afternoon   later   quick   morning

1 _____
  나중에

2 _____
  낮, 오후

3 _____
  빨리, 빠른

4 _____
  아침, 오전

C 우리말 뜻을 보고 빈칸에 알맞은 글자를 써서 단어를 완성하세요.

1 산책   w □ □ k

2 종   b □ □ l

3 꿈   d □ □ □ m

4 저녁   □ □ v □ □ i n g

Sentence Check

D 그림에 알맞은 말을 골라 ☑ 표 하세요.

1

Good morning!

Good evening!

2

Good night!

Good afternoon!

E 우리말과 같도록 주어진 글자를 바르게 배열하여 문장을 완성하세요.

1 산책하러 가자. ⇒ Let's go for a _____.
(k w a l)

2 좋은 꿈 꾸렴! ⇒ Sweet _____s!
(d a e m r)

3 이 종은 너를 위한 거란다. ⇒ This _____ is for you.
(l b e l)

4 나중에 봐! 안녕! ⇒ See you _____! _____!
(t l a r e)   (B e y)

나만의 문장 만들기   때에 맞게 인사하는 문장을 완성해 보세요.

Good _____! 좋은 (아침 / 오후 / 저녁)이에요!

See you _____! 나중에 봐요!

I Draw a Round Face

STEP 1 단어 알기 단어를 보고, 듣고, 큰 소리로 따라 읽으세요. Track 43

1 ear
귀
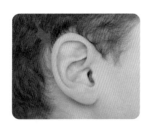

2 mouth
입

3 face 얼굴

4 hair
머리카락

5 neck
목

6 round 동그란

7 curly 곱슬곱슬한

8 handsome 잘생긴

9 smile
미소 짓다

10 draw (그림을) 그리다

I draw a round face .

나는 동그란 얼굴을 그려요.

I draw curly hair .

나는 곱슬곱슬한 머리카락을 그려요.

I draw eyes, a nose, and a big mouth .

나는 눈, 코, 그리고 큰 입을 그려요.

I draw a neck and ears , too.

나는 목과 귀도 그려요.

He smiles . This is my friend, Mike.

그가 미소 지어요. 이 사람은 내 친구, 마이크예요.

He is handsome !

그는 잘생겼어요!

Mike

Word Quiz

nose, hair, mouth 등이
있는 신체 부위는 어디일까요?

◯ face   ◯ neck

Word Check

A 사진을 보고 알맞은 단어를 찾아 번호를 쓰세요.

ear ☐   draw ☐   curly ☐   neck ☐

B 단어와 우리말 뜻을 선으로 연결하고, 빈칸에 단어를 쓰세요.

1 round ·   · 잘생긴 ⇒ _____

2 face ·   · 미소 짓다 ⇒ _____

3 smile ·   · 얼굴 ⇒ _____

4 handsome ·   · 동그란 ⇒ _____

C 우리말 뜻에 해당하는 단어를 찾아 동그라미 하세요.

1 머리카락 m e h a i r o u a w l

2 그리다 a b d r a w e e i f r

3 곱슬곱슬한 a b c u r l y x z w y

4 입 l m e q e m o u t h t

Sentence Check

D 그림에 알맞은 말을 <u>모두</u> 골라 ☑ 표 하세요.

I draw ears.

I draw curly hair.

I draw a mouth.

I draw a neck.

E 우리말과 같도록 보기 에서 알맞은 말을 찾아 문장을 완성하세요.

보기	smile	neck	curly	face	hair

1 그가 미소 지어요. ➡ He _____ s.

2 나는 동그란 얼굴을 그려요. ➡ I draw a round _____ .

3 나는 목과 귀도 그려요. ➡ I draw a _____ and ears, too.

4 나는 곱슬곱슬한 머리카락을 그려요. ➡ I draw _____ .

> **TIP** hair 앞에는 관사(a, an)도 붙이지 않고, 복수형도 쓰지 않아요.
> (예) short hair (O)   a short hair (X)   short hairs (X)

나만의 문장 만들기 내 친구를 묘사하는 문장을 완성해 보세요.

> This is my friend, _____ . 이 사람은 내 친구, (친구 이름)예요.
>
> I draw a _____ face. 나는 (얼굴 형태) 얼굴을 그려요.

DAY 20 Let's Have a Race!

1st   2nd   3rd

① **line** 선

② **race** 달리기 시합, 경주

③ **ground** 땅

④ **fast** 빠른, 빠르게

⑤ **slow** 느린

fast
slow

⑥ **ready** 준비가 된

⑦ **sorry** 미안한, 미안해요

⑧ **wrong** 틀린, 잘못된

⑨ **win** 이기다
• won: win의 과거형

⑩ **swim** 수영하다

Let's have a race !

달리기 시합하자!

I'll draw a line on the ground .

내가 땅에 선을 그을게.

Are you ready ? Let's start!

너는 준비됐니? 시작하자!

I won! I'm fast . You are slow !

내가 이겼다! 나는 빨라. 너는 느려!

I can win !

내가 이길 수 있어!

Let's swim this time.

이번에는 수영하자.

Uh-oh! I'm sorry . I was wrong .

오우! 미안해. 내가 틀렸어.

Word Quiz

'달려서 빠르기를 겨루는 것'을
무엇이라고 할까요?

◯ line   ◯ race

Word Check

A 사진을 보고 알맞은 단어를 골라 선으로 연결하세요.

1
line
ground

2
win
sorry

3
race
slow

4
ready
swim

B 우리말 뜻과 같도록 보기 에서 알맞은 단어를 찾아 쓰세요.

보기   sorry   fast   ready   wrong

1
_____
준비가 된

2
_____
틀린, 잘못된

3
_____
빠른, 빠르게

4
_____
미안한, 미안해요

C 우리말 뜻을 보고 빈칸에 알맞은 글자를 써서 단어를 완성하세요.

1 땅   g [ ] [ ] u n d

2 수영하다 [ ] [ ] i [ ]

3 느린 s [ ] [ ] [ ]

4 선 [ ] [ ] n e

Sentence Check

D 그림에 알맞은 말을 골라 ☑ 표 하세요.

1

You are fast.

You are slow.

2

I'll draw a line on the ground.

Let's swim this time.

> **TIP** this time은 '이번에는'이라는 표현으로, 여기서 time은 '~번'이라는 뜻이에요.

E 우리말과 같도록 주어진 글자를 바르게 배열하여 문장을 완성하세요.

1 내가 이길 수 있어! ➡ I can _____ !
(n i w)

2 달리기 시합하자! ➡ Let's have a _____ !
(c e a r)

3 미안해. 내가 틀렸어. ➡ I'm sorry. I was _____ .
(n g w o r)

4 내가 땅에 선을 그을게. ➡ I'll draw a _____ on the _____ .
(n i l e)   (g r n d o u)

나만의 문장 만들기 시합을 요청하는 문장을 완성해 보세요.

Let's have a _____ ! 달리기 시합하자!

Let's _____ this time! 이번에는 수영하자!

A 잘 듣고, 들려주는 순서대로 사진에 번호를 쓰세요. Track 47

B 잘 듣고, 알맞은 단어에 동그라미 하세요. Track 48

1

he

she

2

morning
evening

3

draw

swim

4

teacher

friend

C 그림에 해당하는 우리말 뜻과 단어를 찾아 선으로 연결하세요.

입 · · hair

귀 · · neck

머리카락 · · ear

목 · · mouth

D 그림을 보고 알맞은 단어를 골라 동그라미 하세요.

1

Today is my (race / birthday).

2

She is my (cousin / grandfather).

3

Let's go for a (dream / walk).

E 우리말과 같도록 알맞은 단어를 써서 문장을 완성하세요.

1 그가 미소 지어요.　　➡　He _____s.

2 달리기 시합하자!　　➡　Let's have a _____!

3 너는 준비됐니?　　➡　Are you _____?

4 그는 잘생겼어요!　　➡　He is _____!

5 우리는 함께 놀아요.　　➡　We play _____.

F 보기 에서 알맞은 단어를 골라 문장을 완성하세요.

보기	years	later	How	evening	fast	slow

1
I'm _____.
You are _____.

2
Good _____!
See you _____!

3
Ⓐ _____ old are you?
Ⓑ I am ten _____ old.

Secret Word Game

⭐ 보기 에서 알맞은 단어를 찾아 문장을 완성하고 비밀의 단어가 무엇인지 쓰세요.

보기	walk	line	Today	curly
	many	sorry	best	face

1 I'll draw a _____.
♥

2 _____ is my birthday.
★ ■

3 Let's go for a _____.
■

4 She is my _____ friend.
♥

5 I'm _____. I was wrong.
♠ ♠

6 I hope I get _____ gifts.
▲ ■

7 I draw a round _____.
■ ♥

8 I have _____ hair.
♠

The Secret Word Is ...

★	♠	♥	■	▲

DAY 21 Are You Hungry?

1 baby
어린, 아기

2 care 보살핌
• take care of ~을 돌보다

3 matter 문제

4 now 지금, 이제

5 cry 울다

6 sad
슬픈

7 happy
행복한

8 angry
화가 난

9 thirsty 목마른

10 hungry 배고픈

I take care of my baby sister.

나는 내 어린 여동생을 돌봐요.

Are you sad ?

너는 슬프니?

Are you angry ?

너는 화났니?

Are you thirsty ?

너는 목마르니?

Don't cry . What's the matter ?

울지 마. 뭐가 문제지?

Are you hungry ?

너는 배고프니?

Now you are happy !

이제 너는 행복하구나!

Word Quiz

'감정, 기분'을 나타내는 단어가 <u>아닌</u> 것은 무엇일까요?

◯ angry   ◯ sad   ◯ care

Word Check

A 사진을 보고 알맞은 단어를 찾아 번호를 쓰세요.

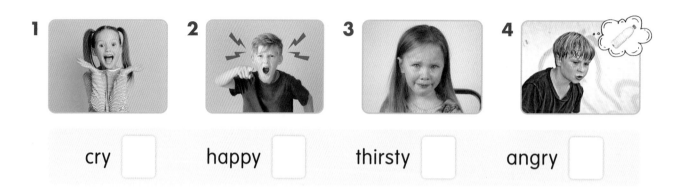

| 1 | 2 | 3 | 4 |

cry ☐   happy ☐   thirsty ☐   angry ☐

B 단어와 우리말 뜻을 선으로 연결하고, 빈칸에 단어를 쓰세요.

1 sad ·   · 보살핌 ➡ _____

2 care ·   · 지금, 이제 ➡ _____

3 now ·   · 어린, 아기 ➡ _____

4 baby ·   · 슬픈 ➡ _____

C 우리말 뜻에 해당하는 단어를 찾아 동그라미 하세요.

1 문제 e s g n m a t t e r e   2 배고픈 g i r h u n g r y e a

3 화가 난 a n g r y o u a w d i   4 행복한 a d n s d h a p p y t

Sentence Check

D 그림에 알맞은 말을 골라 ☑ 표 하세요.

1

　　☐ Are you angry?

　　☐ Are you thirsty?

2

　　☐ Are you hungry?

　　☐ Are you happy?

E 우리말과 같도록 보기 에서 알맞은 말을 찾아 문장을 완성하세요.

보기　　happy　　cry　　sad　　matter　　Now

1 너는 슬프니?　　➡ Are you _____?

2 울지 마.　　➡ Don't _____.

3 뭐가 문제지?　　➡ What's the _____?

4 이제 너는 행복하구나!　　➡ _____ you are _____!

> **TIP** 'Are you + 기분, 상태를 나타내는 형용사?'는 '당신은 ~한가요?'라는 의미로 상대방의 기분이나 상태를 묻는 말이에요.

나만의 문장 만들기　상대방의 기분이나 상태를 묻는 문장을 완성해 보세요.

Are you _____? 당신은 (기분이나 상태) 어떤가요?

Yes, I am _____. 네, 저는 (기분이나 상태)예요.

STEP 1 **단어 알기** 단어를 보고, 듣고, 큰 소리로 따라 읽으세요. Track 51

1st 2nd 3rd

① **eat** 먹다

② **wear** (옷을) 입다, (시계를) 차다

③ **tell** 알리다, 말하다

• tell time 시간을 알려 주다

④ **guess** 추측하다, 알아맞히다

⑤ **food** 음식

⑥ **watch** 손목시계

⑦ **twenty** 스물, 스무 개의, 이십

20

⑧ **question** 질문

• twenty questions 스무고개

⑨ **light** 가벼운

⑩ **heavy** 무거운

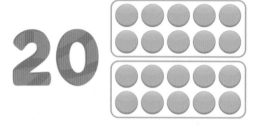

light ← → heavy

STEP 2 문장 속 단어 이해하기   문장을 듣고, 단어를 따라 쓰세요. Track 52

Twenty questions ! Guess what it is!

스무고개야! 무엇인지 알아맞혀 봐!

Is it heavy ?

그것은 무겁니?

No, it isn't. It's light .

아니, 그렇지 않아. 그것은 가벼워.

Can you eat it?

너는 그것을 먹을 수 있니?

No, I can't. It's not food .

아니, 나는 그럴 수 없어. 그것은 음식이 아니야.

Can you wear it?

너는 그것을 입을 수 있니?

Yes, I can. It tells time.

응, 나는 그럴 수 있어. 그것은 시간을 알려 줘.

Oh, it's a watch !

오, 그것은 손목시계구나!

Word Quiz

light와 반대의 의미를 가진 단어는
무엇일까요?

◯ heavy   ◯ twenty

Word Check

A 사진을 보고 알맞은 단어를 골라 선으로 연결하세요.

1   watch / food

2   guess / eat

3   heavy / light

4   wear / tell

B 우리말 뜻과 같도록 보기 에서 알맞은 단어를 찾아 쓰세요.

보기	twenty	question	heavy	food

1
_____
음식

2
_____
질문

3
_____
무거운

4
_____
스물, 스무 개의, 이십

C 우리말 뜻을 보고 빈칸에 알맞은 글자를 써서 단어를 완성하세요.

1 알리다   [ ] [ ] l l

2 입다   w [ ] [ ] r

3 손목시계   w [ ] t [ ] [ ]

4 알아맞히다   g [ ] [ ] s s

Sentence Check

D 그림에 알맞은 말을 골라 ☑ 표 하세요.

1

No, it's light.

Is it light?

Is it heavy?

2

Can you wear it?

Yes, I can. It tells time.

No, I can't. It's not food.

E 우리말과 같도록 주어진 글자를 바르게 배열하여 문장을 완성하세요.

1 너는 그것을 먹을 수 있니? ➡ Can you _____ it?
    (t a e)

2 오, 그것은 손목시계구나! ➡ Oh, it's a _____!
    (a t w h c)

3 무엇인지 알아맞혀 봐! ➡ _____ what it is!
    (s s G u e)

4 스무고개야! ➡ _____ _____ s!
    (T w e y t n)   (e q s u i o n t)

나만의 문장 만들기 물건에 대해 묻는 문장을 완성해 보세요.

Is it _____? 그것은 (무거운 / 가벼운)가요?

Can you _____ it? 당신은 그것을 (먹을 / 입을) 수 있나요?

DAY 23 Can You Dive?

STEP 1 단어 알기 단어를 보고, 듣고, 큰 소리로 따라 읽으세요. Track 53

① **king** 왕

② **water** 물

③ **bar** 봉

④ **world** 세계, 세상

⑤ **board** 판자, ~대

⑥ **hold** 잡다

⑦ **dive** 뛰어들다, 다이빙하다

⑧ **climb** 올라가다

⑨ **brave** 용감한

⑩ **afraid** 두려워하는

Can you dive ?

당신은 다이빙할 수 있나요?

Stand on the diving board .

다이빙대 위에 서세요.

Dive into the water .

물속으로 다이빙하세요.

Don't be afraid . You can do it !

두려워하지 말아요. 당신은 할 수 있어요!

Can you climb ?

당신은 올라갈 수 있나요?

Hold on to the bar . Be brave !

봉을 잡아요. 용기내 보세요!

You're the king of the world !

당신은 세상의 왕이에요!

Word Quiz

afraid와 반대의 의미를 가진 단어는 무엇일까요?

◯ climb   ◯ brave   ◯ board

Word Check

A 사진을 보고 알맞은 단어를 찾아 번호를 쓰세요.

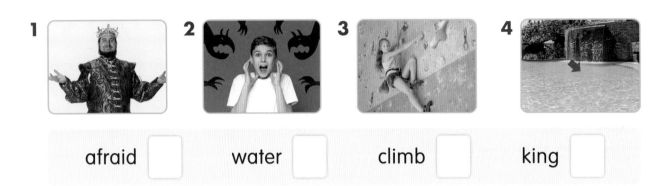

afraid ☐   water ☐   climb ☐   king ☐

B 단어와 우리말 뜻을 선으로 연결하고, 빈칸에 단어를 쓰세요.

1 hold ·   · 용감한 ⇒ _____

2 brave ·   · 다이빙하다 ⇒ _____

3 dive ·   · 잡다 ⇒ _____

4 board ·   · 판자, ~ 대 ⇒ _____

C 우리말 뜻에 해당하는 단어를 찾아 동그라미 하세요.

1 세계, 세상   w x y z w o r l d a y   **2** 올라가다   a c l i m b e t e m e

3 봉   a b a r o l d w d f g   **4** 두려워하는   f r d a f r a i d i t

Sentence Check

D 그림에 알맞은 말을 골라 ☑ 표 하세요.

1

Hold on to the bar.

Dive into the water.

2

Can you climb?

Can you dive?

E 우리말과 같도록 보기 에서 알맞은 말을 찾아 문장을 완성하세요.

보기	king	board	afraid	world	brave

1 용기내 보세요! ➡ Be _____ !

2 두려워하지 말아요. ➡ Don't be _____ .

3 다이빙대 위에 서세요. ➡ Stand on the diving _____ .

4 당신은 세상의 왕이에요! ➡ You're the _____ of the _____ !

> **TIP** Can you ~?는 '~할 수 있나요?'라는 의미로, 다음에 나오는 동사는 항상 동사원형으로 나타내요.
> (예) Can you dive? (O)   Can you dives? (X)

나만의 문장 만들기 할 수 있는 것에 대해 묻고 답하는 문장을 완성해 보세요.

Can you _____ ? 당신은 (동작)할 수 있나요?

Yes, I _____ ! 네, 나는 할 수 있어요!

STEP 1   단어 알기   단어를 보고, 듣고, 큰 소리로 따라 읽으세요. Track 55

1st 2nd 3rd

① **cap**
모자

② **umbrella** 우산

③ **yellow**
노란, 노란색

④ **black**
검은, 검은색

⑤ **purple**
보라색의, 보라색

⑥ **mine** 내 것

⑦ **yours** 네 것

TIP mine은 '나의 것'이라는 의미로, 'my + 명사'를
나타내는 말이에요. yours도 '너의 것'이라는
의미로 'your + 명사'를 나타내는 말이에요.

⑧ **dirty** 더러운

⑨ **lose** 잃어버리다

• lost: lose의 과거형

⑩ **thanks** 고마워요

Thanks!

TIP Thanks.는
Thank you.와
같은 뜻이에요.

I lost my cap .

저는 제 모자를 잃어버렸어요.

It's yellow and black .

그것은 노랗고 검어요.

Is this your cap?

이것이 네 모자니?

Yes, It's mine . Thanks !

네, 그것은 제 것이에요. 감사해요!

I lost my umbrella . It's purple .

저는 제 우산을 잃어버렸어요. 그것은 보라색이에요.

Is this yours ?

이것이 네 것이니?

Yes. Oh, it got dirty .

네. 오, 그것이 더러워졌네요.

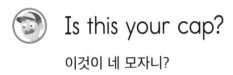
Word Quiz

'앞 부분에 챙이 달린 모자'를 가리키는 단어는
무엇일까요?

⚪ yours ⚪ cap ⚪ mine

Word Check

A 사진을 보고 알맞은 단어를 골라 선으로 연결하세요.

1   purple / yellow

2   umbrella / mine

3   cap / black

4   dirty / lose

B 우리말 뜻과 같도록 보기 에서 알맞은 단어를 찾아 쓰세요.

| 보기 | mine | yours | thanks | lose |

1 _____
고마워요

2 _____
내 것

3 _____
잃어버리다

4 _____
네 것

C 우리말 뜻을 보고 빈칸에 알맞은 글자를 써서 단어를 완성하세요.

1   검은   b [ ] [ ] c k

2   노란   [ ] e l [ ] o

3   네 것   y o [ ] [ ] [ ]

4   우산   [ ] [ ] b r e l [ ] a

Sentence Check

D 그림에 알맞은 말을 골라 ☑ 표 하세요.

1

My umbrella is purple.

My umbrella is yellow.

2

I lost my umbrella.

I lost my cap.

E 우리말과 같도록 주어진 글자를 바르게 배열하여 문장을 완성하세요.

1 이것이 네 모자니? ➡ Is this your _____?
　　　　　　　　　　　　　　　　　　　　(p c a)

2 이것이 네 것이니? ➡ Is this _____?
　　　　　　　　　　　　　　　　　　　(y s u o r)

3 오, 그것이 더러워졌네요. ➡ Oh, it got _____.
　　　　　　　　　　　　　　　　　　　　(i t d r y)

4 저는 제 우산을 잃어버렸어요. ➡ I _____ my _____.
　　　　　　　　　　　　　　　　　　　(s t o l)　　　　(l l a u m b r e)

나만의 문장 만들기　내가 잃어버린 물건에 대해 묘사하는 문장을 완성해 보세요.

I lost my _____. 나는 나의 (물건)을 잃어버렸어요.

It's _____. 그것은 (색깔)이에요.

Who Is That in Your Classroom?

STEP 1 단어 알기   단어를 보고, 듣고, 큰 소리로 따라 읽으세요. Track **57**

① shy 수줍음이 많은, 부끄러워하는

② kind 친절한

③ curious 호기심이 많은

④ ask 묻다

• ask a question 질문하다

⑤ answer 대답하다

ask   ?   answer

⑥ science 과학

⑦ classroom 교실

abcdefgh

⑧ who (의문문에서) 누구

⑨ always 늘, 항상

⑩ 구 next to
~ 옆에

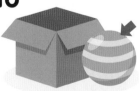

Who is that in your classroom ?

너희 교실에 있는 저 아이는 누구니?

 That is Evan. He is curious and not shy .

에반이야. 그는 호기심이 많고 부끄러워하지 않아.

He asks many questions.

그는 질문을 많이 물어봐.

He sits next to Susan.

그는 수잔 옆에 앉아.

 What is Susan like?

수잔은 어때?

Susan is kind .

수잔은 친절해.

She is good at science .

그녀는 과학을 잘해.

She always answers Evan's questions.

그녀는 항상 에반의 질문에 대답해 줘.

Word Quiz

어떤 과목을 나타내는 단어는 무엇일까요?

◯ classroom　　◯ science

Word Check

A 사진을 보고 알맞은 단어를 찾아 번호를 쓰세요.

ask ☐   classroom ☐   shy ☐   next to ☐

B 단어와 우리말 뜻을 선으로 연결하고, 빈칸에 단어를 쓰세요.

1 kind •   • 대답하다 ➡ _____

2 science •   • 과학 ➡ _____

3 always •   • 늘, 항상 ➡ _____

4 answer •   • 친절한 ➡ _____

C 우리말 뜻에 해당하는 단어를 찾아 동그라미 하세요.

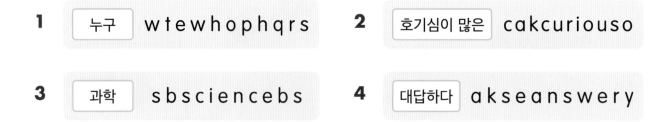

1 누구 w t e w h o p h q r s   **2** 호기심이 많은 c a k c u r i o u s o

3 과학 s b s c i e n c e b s   **4** 대답하다 a k s e a n s w e r y

Sentence Check

D 그림에 알맞은 말을 골라 ☑ 표 하세요.

1

He is kind.

He is curious.

2

She is good at English.

She is good at science.

E 우리말과 같도록 보기 에서 알맞은 말을 찾아 문장을 완성하세요.

보기	curious	ask	classroom	next to

1 너희 교실에 있는 저 아이는 누구니? ➡ Who is that in your _____?

2 그는 수잔 옆에 앉아. ➡ He sits _____ Susan.

3 그는 질문을 많이 물어봐. ➡ He _____s many questions.

4 그는 호기심이 많고 부끄러워하지 않아. ➡ He is _____ and not shy.

나만의 문장 만들기 나의 친구를 소개하는 문장을 완성해 보세요.

This is _____. 이 사람은 (친구 이름)예요.

_____ is _____. (그 / 그녀)는 (성격)해요.

WEEK 5 Review

A 잘 듣고, 들려주는 순서대로 사진에 번호를 쓰세요. Track 59

B 잘 듣고, 알맞은 단어에 동그라미 하세요. Track 60

1

yellow   black

2

dive   climb

3

food   water

4

light   heavy

C 사진에 해당하는 단어와 찾아 우리말 뜻을 선으로 연결하세요.

1   **2**   **3**   **4**

| shy | angry | sad | afraid |

화가 난   슬픈   두려워하는   수줍음이 많은

D 그림을 보고 알맞은 단어를 골라 동그라미 하세요.

1

She is good at (music / science).

2

I lost my (umbrella / cap).

3

Are you (thirsty / hungry)?

E 우리말과 같도록 알맞은 단어를 써서 문장을 완성하세요.

1 나는 내 어린 여동생을 돌봐요.　➡　I take _____ of my baby sister.

2 무엇인지 알아맞혀 봐!　➡　_____ what it is!

3 당신은 세상의 왕이에요!　➡　You're the king of the _____!

4 너는 그것을 입을 수 있니?　➡　Can you _____ it?

5 그는 호기심이 많고 부끄러워하지 않아.　➡　He is _____ and not shy.

F 보기 에서 알맞은 단어를 골라 문장을 완성하세요.

보기	matter　brave　mine　hungry　climb　yours

1

ⓐ Can you _____?

ⓑ Yes, I can. I am _____!

2

ⓐ Is this _____?

ⓑ Yes, it's _____. Thanks!

3

What's the _____?

Are you _____?

Word Search

⭐ 문장을 읽고 빈칸에 들어갈 알맞은 말을 보기 에서 찾아 문장을 완성하세요.

1 Don't _____ .

2 It _____ s time.

3 Are you _____ ?

4 _____ into the water.

5 Hold on to the _____ .

6 I lost my _____ .

7 He sits _____ to Susan.

8 It got _____ .

보기

happy

tell

dirty

cry

bar

Dive

next

umbrella

⭐ 보기 에 있는 8개의 단어를 찾아 동그라미 하세요.

t	w	u	p	h	a	d	i	v	e	j	f	s	d	b
e	g	m	q	h	a	p	p	y	o	n	d	i	n	y
l	g	b	h	s	w	t	e	l	x	r	i	e	b	o
l	r	r	c	c	r	y	o	u	s	n	r	l	j	u
e	a	e	l	m	c	w	s	e	y	k	t	n	o	r
p	s	l	u	v	m	e	w	t	p	j	y	e	k	s
e	s	l	h	o	b	a	r	v	e	k	a	x	h	b
x	e	a	w	f	h	r	s	p	o	i	s	t	s	g

STEP 1 단어 알기 단어를 보고, 듣고, 큰 소리로 따라 읽으세요. Track 61

1st 2nd 3rd

① sister 언니, 누나, 여동생

② brother 형, 오빠, 남동생

③ twins 쌍둥이

④ age 나이

⑤ memory 기억, 기억력

⑥ clever 똑똑한

⑦ same 같은

⑧ honest 정직한

⑨ lie 거짓말, 거짓말하다

⑩ never 절대 ~하지 않다

Jack and Jackie are twins .

잭과 재키는 쌍둥이예요.

They are the same age .

그들은 같은 나이예요.

Jack is my brother .

잭은 나의 형이에요.

He is honest . He never lies .

그는 정직해요. 그는 절대 거짓말하지 않아요.

Jackie is my sister .

재키는 나의 누나예요.

She is clever . She has a good memory .

그녀는 똑똑해요. 그녀는 좋은 기억력을 가졌어요.

Word Quiz

'거짓말하지 않는 사람'은
어떤 사람일까요?

- ○ clever
- ○ honest
- ○ same

Word Check

A 사진을 보고 알맞은 단어를 골라 선으로 연결하세요.

1　　　age
　　　same

2　　　twins
　　　memory

3　　　brother
　　　sister

4　　　honest
　　　clever

B 우리말 뜻과 같도록 보기 에서 알맞은 단어를 찾아 쓰세요.

보기　　sister　　age　　lie　　never

1 _____
　　나이

2 _____
　　거짓말, 거짓말하다

3 _____
　　언니, 누나, 여동생

4 _____
　　절대 ~하지 않다

C 우리말 뜻을 보고 빈칸에 알맞은 글자를 써서 단어를 완성하세요.

1 정직한 □ □ n □ s t

2 기억력 □ e m o □ □

3 똑똑한 □ □ e v □ r

4 같은 □ a □ e

Sentence Check

D 그림에 알맞은 말을 골라 ☑ 표 하세요.

1

☐ She is clever.

☐ She is honest.

2

☐ They are twins.

☐ They are brothers.

E 우리말과 같도록 주어진 글자를 바르게 배열하여 문장을 완성하세요.

1 잭은 나의 형이에요. ⇒ Jack is my _____.
  (b t h r o r e)

2 그들은 같은 나이예요. ⇒ They are the _____ age.
  (s m a e)

3 그녀는 좋은 기억력을 가졌어요. ⇒ She has a good _____.
  (r m e y o m)

4 그는 절대 거짓말하지 않아요. ⇒ He _____ _____s.
  (v e n r e)   (i e l)

나만의 문장 만들기 나의 가족을 소개하는 문장을 완성해 보세요.

_____ is my _____.
(가족 이름)은 나의 (가족 관계)예요.

_____ is _____! (그 / 그녀)는 (성격)해요!

I Think with My Head

STEP 1 **단어 알기** 단어를 보고, 듣고, 큰 소리로 따라 읽으세요. Track 63

① **head** 머리

② **arm** 팔

③ **hand** 손

④ **finger** 손가락

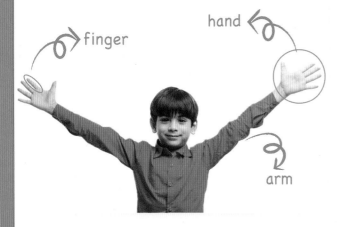

⑤ **fine** 괜찮은, 건강한

⑥ **hug** 안다

⑦ **wag** (개가 꼬리를) 흔들다

⑧ **feed** 먹이를 주다

⑨ **point** 가리키다

⑩ **think** 생각하다

I point with my finger .

나는 내 손가락으로 가리켜요.

I think with my head .

나는 내 머리로 생각해요.

I feed my dog with my hand .

나는 내 손으로 내 강아지에게 먹이를 줘요.

I hug her with my arms .

나는 내 팔로 그녀를 안아요.

She wags her tail.

그녀는 그녀의 꼬리를 흔들어요.

She is fine now.

그녀는 이제 괜찮아요.

Word Quiz

'움직임이나 동작'을 나타내는 단어가
아닌 것은 무엇일까요?

◯ point   ◯ finger

Word Check

A 사진을 보고 알맞은 단어를 찾아 번호를 쓰세요.

1 **2** **3** **4**

head ☐   feed ☐   hug ☐   wag ☐

B 단어와 우리말 뜻을 선으로 연결하고, 빈칸에 단어를 쓰세요.

1 hand · · 손가락 ⇒ _____

2 arm · · 괜찮은, 건강한 ⇒ _____

3 fine · · 팔 ⇒ _____

4 finger · · 손 ⇒ _____

C 우리말 뜻에 해당하는 단어를 찾아 동그라미 하세요.

1 생각하다 a m e t h i n k v x y

2 먹이를 주다 c b a d e f e e d e f

3 가리키다 n e r y e p o i n t w

4 안다 h a r h u g a g e r e

Sentence Check

D 그림에 알맞은 말을 골라 ☑ 표 하세요.

1

☐ I feed her with my hand.

☐ I hug her with my hand.

2

☐ I think with my arm.

☐ I point with my finger.

E 우리말과 같도록 보기 에서 알맞은 말을 찾아 문장을 완성하세요.

보기	hug fine think wag arms

1 그녀는 그녀의 꼬리를 흔들어요. ➡ She _____s her tail.

2 그녀는 이제 괜찮아요. ➡ She is _____ now.

3 나는 내 머리로 생각해요. ➡ I _____ with my head.

4 나는 내 팔로 그녀를 안아요. ➡ I _____ her with my _____.

TIP with은 '(신체, 도구 등을) 이용하여'라는 의미로 쓰였어요.

나만의 문장 만들기 나의 신체로 무엇을 하는지 묘사하는 문장을 완성해 보세요.

I _____ with my _____. 내 (신체)로 (동작)해요.

I _____ with my _____. 내 (신체)로 (동작)해요.

DAY 28 How's the Weather?

STEP 1 단어 알기 단어를 보고, 듣고, 큰 소리로 따라 읽으세요. Track 65

① tree 나무

② sunny
화창한

③ cloudy
흐린,
구름이 낀

④ foggy
안개가 낀

⑤ cold 추운

⑥ weather 날씨

⑦ snow 눈, 눈이 내리다

⑧ sing 노래하다

⑨ all 모든, 온통
• all day 온종일

⑩ very 매우, 몹시, 아주

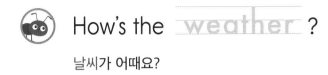 How's the weather ?

날씨가 어때요?

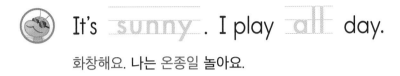 It's sunny . I play all day.

화창해요. 나는 온종일 놀아요.

It's cloudy and foggy .

흐리고 안개가 꼈어요.

I sing under a tree .

나는 나무 밑에서 노래해요.

 It's snowing .

눈이 내리고 있어요.

Oh, it's very cold !

오, 매우 추워요!

Word Quiz

sunny, cloudy, foggy 등을 포함하는
말은 무엇일까요?

◯ snow　　◯ weather

Word Check

A 사진을 보고 알맞은 단어를 골라 선으로 연결하세요.

1   foggy   sunny

2   cold   cloudy

3   snow   sing

4   tree   very

B 우리말 뜻과 같도록 보기 에서 알맞은 단어를 찾아 쓰세요.

보기	cold	all	snow	very

1 _____

    모든, 온통

2 _____

    눈이 내리다

3 _____

    추운

4 _____

    매우, 몹시, 아주

C 우리말 뜻을 보고 빈칸에 알맞은 글자를 써서 단어를 완성하세요.

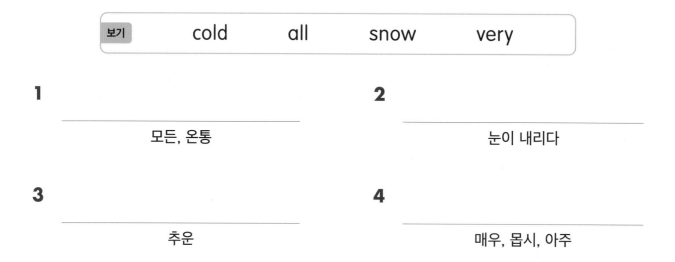

1   날씨   w ☐ ☐ t ☐ e r

2   안개가 낀   ☐ o ☐ ☐ y

3   노래하다   ☐ ☐ i ☐ ☐

4   화창한   ☐ u n ☐ ☐

Sentence Check

D 그림에 알맞은 말을 골라 ☑ 표 하세요.

1

It's very cold.

I play all day.

2

It's snowing.

It's sunny.

TIP 날씨를 말하는 문장에서는 비인칭 주어 it을 사용해요. 이때 it은 '그것'이라고 해석하지 않아요.

E 우리말과 같도록 주어진 글자를 바르게 배열하여 문장을 완성하세요.

1 날씨가 어때요? ⇒ How's the _____?
(a t w e h r e)

2 오, 매우 추워요! ⇒ Oh, it's very _____!
(o d c l)

3 흐리고 안개가 꼈어요. ⇒ It's _____ and foggy.
(c o d y u l)

4 나는 나무 밑에서 노래해요. ⇒ I _____ under a _____.
(s n g i)   (e e t r)

나만의 문장 만들기 날씨를 묻고 답하는 문장을 완성해 보세요.

How's the _____? 날씨가 어떤가요?

It's _____. (날씨)해요.

STEP 1 단어 알기 단어를 보고, 듣고, 큰 소리로 따라 읽으세요. Track 67

1st 2nd 3rd

① **pie** 파이

② **breakfast** 아침 식사

③ **ugly** 못생긴

④ **poor** 불쌍한

⑤ **alone** 혼자

⑥ **some** 약간의, 조금

⑦ **hate** 미워하다, 싫어하다

⑧ **work** 일하다

⑨ **bring** 가져오다

⑩ 구 **hurry up** 서둘다

Poor Cinderella works hard all day.

불쌍한 신데렐라는 하루 종일 열심히 일해요.

Her sisters are ugly .

그녀의 언니들은 못생겼어요.

They hate Cinderella.

그들은 신데렐라를 미워해요.

She is all alone .

그녀는 완전히 혼자예요.

 It's time for breakfast !

아침 식사를 할 시간이네!

 Bring some pie ! Hurry up !

파이 좀 가져와! 서둘러!

Word Quiz

like와 반대의 의미를 가진 단어는
무엇일까요?

◯ bring   ◯ hate

STEP 3 문제로 확인하기

Word Check

A 사진을 보고 알맞은 단어를 찾아 번호를 쓰세요.

pie ☐   work ☐   bring ☐   breakfast ☐

B 단어와 우리말 뜻을 선으로 연결하고, 빈칸에 단어를 쓰세요.

1 alone   ·   · 불쌍한   ➡ _____

2 poor   ·   · 혼자   ➡ _____

3 some   ·   · 서둘다   ➡ _____

4 hurry up   ·   · 약간의   ➡ _____

C 우리말 뜻에 해당하는 단어를 찾아 동그라미 하세요.

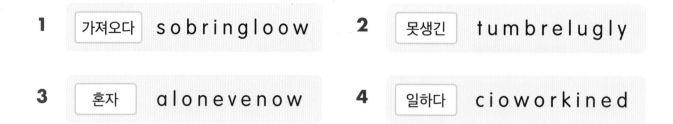

1 가져오다 sobringloow   2 못생긴 tumbrelugly

3 혼자 alonevenow   4 일하다 cioworkined

Sentence Check

D 그림에 알맞은 말을 골라 ☑ 표 하세요.

1

Bring some pie!

She is all alone.

2

She works hard all day.

Her sisters are ugly.

E 우리말과 같도록 보기 에서 알맞은 말을 찾아 문장을 완성하세요.

보기	alone	Bring	hate	Poor	work

1 파이 좀 가져와! ➡ _____ some pie!

2 그들은 신데렐라를 미워해요. ➡ They _____ Cinderella.

3 그녀는 완전히 혼자예요. ➡ She is all _____ .

4 불쌍한 신데렐라는
하루 종일 열심히 일해요. ➡ _____ Cinderella _____ s
hard all day.

나만의 문장 만들기 신데렐라 이야기 속의 문장을 완성해 보세요.

Cinderella's sisters are _____ . 신데렐라의 언니들은 못생겼어요.

They _____ Cinderella. 그들은 신데렐라를 미워해요.

My Mom Is a Police Officer

STEP 1 **단어 알기** 단어를 보고, 듣고, 큰 소리로 따라 읽으세요. Track **69**

1 mom 엄마

2 dad 아빠

3 uncle 삼촌

4 aunt 이모, 고모

5 prince 왕자
• princess 공주

6 music 음악

7 nurse 간호사

8 police officer 경찰

9 act 연기하다

10 love 사랑하다

My mom is a police officer . She is brave.

내 엄마는 경찰이에요. 그녀는 용감해요.

My dad is a nurse . He is kind.

내 아빠는 간호사예요. 그는 친절해요.

My uncle is an actor.

내 삼촌은 배우예요.

He acts as a prince .

그는 왕자 역할을 연기해요.

My aunt is a music teacher.

내 이모는 음악 선생님이에요.

She loves music.

그녀는 음악을 사랑해요.

WordQuiz

nurse와 police officer 등을
포함하는 말은 무엇일까요?

◯ prince
◯ music
◯ job

Word Check

A 사진을 보고 알맞은 단어를 골라 선으로 연결하세요.

1   dad   mom

2   love   music

3   police officer   prince

4   aunt   uncle

B 우리말 뜻과 같도록 [보기]에서 알맞은 단어를 찾아 쓰세요.

보기	prince	aunt	act	love

1 _____
사랑하다

2 _____
왕자

3 _____
이모, 고모

4 _____
연기하다

C 우리말 뜻을 보고 빈칸에 알맞은 글자를 써서 단어를 완성하세요.

1 아빠   d ☐ ☐

2 간호사   ☐ u r ☐ ☐

3 엄마   ☐ ☐ m

4 음악   m ☐ ☐ c

Sentence Check

D 그림에 알맞은 말을 골라 ☑ 표 하세요.

1

My mom is a nurse.

My mom is a police officer.

2

My aunt loves music.

My uncle loves music.

E 우리말과 같도록 주어진 글자를 바르게 배열하여 문장을 완성하세요.

1 내 이모는 음악 선생님이에요. ➡ My aunt is a _____ teacher.
                                        (i u s m c)

2 내 삼촌은 배우예요. ➡ My _____ is an actor.
                             (c l u e n)

3 내 아빠는 간호사예요. ➡ My dad is a _____.
                             (u e s n r)

4 그는 왕자 역할을 연기해요. ➡ He _____ s as a _____.
                             (a t c)   (c e p r i n)

나만의 문장 만들기   나의 가족의 직업을 소개하는 문장을 완성해 보세요.

My _____ is a(n) _____ . 나의 (가족)은 (직업) 이에요.

My _____ is a(n) _____ . 나의 (가족)은 (직업) 이에요.

A 잘 듣고, 들려주는 순서대로 사진에 번호를 쓰세요. Track 71

B 잘 듣고, 알맞은 단어에 동그라미 하세요. Track 72

1

dad   mom

2

sunny   foggy

3

hate   bring

4

hug   never

C 사진에 해당하는 단어와 우리말 뜻을 찾아 선으로 연결하세요.

1

2

3

4

same

cloudy

sing

head

같은

노래하다

흐린, 구름이 낀

머리

D 그림을 보고 알맞은 단어를 골라 동그라미 하세요.

1

I feed her with my (hand / head).

2

My (aunt / uncle) loves (act / music).

3

Poor Cinderella (brings / works) hard all day.

E 우리말과 같도록 알맞은 단어를 써서 문장을 완성하세요.

1 그들은 같은 나이예요.
➡ They are the same _____.

2 그녀는 이제 괜찮아요.
➡ She is _____ now.

3 나는 온종일 놀아요.
➡ I play _____ day.

4 그녀의 언니들은 못생겼어요.
➡ Her sisters are _____.

5 그녀는 좋은 기억력을 가졌어요.
➡ She has a good _____.

F 보기 에서 알맞은 단어를 골라 문장을 완성하세요.

보기 Bring cold weather breakfast act prince

1
Ⓐ How's the _____?
Ⓑ It's very _____!

2
Ⓐ It's time for _____!
Ⓑ _____ some pie!

3
My uncle is an actor.
He _____s as a _____.

Ladder Game

⭐ 그림이 뜻하는 단어를 단어를 힌트 에서 찾아, 사다리를 타고 내려 간 문장의 빈칸에 쓰세요.

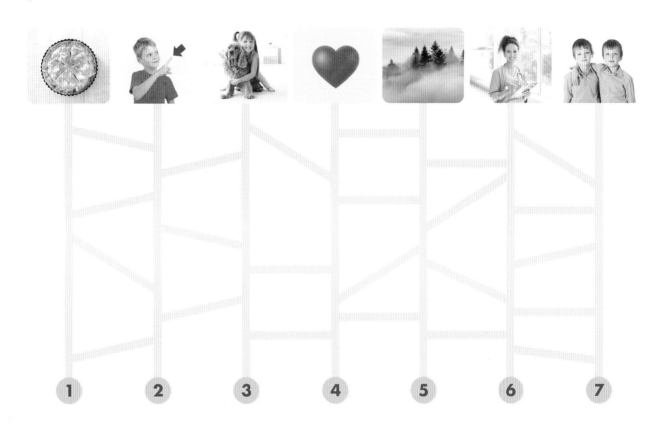

1 They are _____ .

2 Bring some _____ !

3 I hug her with my _____ s.

4 It's cloudy and _____ .

5 She is a _____ .

6 I point with my _____ .

7 I _____ music.

힌트

twins

arm

nurse

pie

foggy

finger

love

STEP 1 **단어 알기** 단어를 보고, 듣고, 큰 소리로 따라 읽으세요. Track **73**

① class 수업

② goal 골, 득점

③ soccer 축구

④ team 팀

⑤ captain (운동 팀의) 주장

⑥ cooking 요리

⑦ sandwich 샌드위치

⑧ Tuesday 화요일

TIP on Tuesdays 화요일마다

⑨ score 득점을 하다

⑩ begin 시작하다

It's Tuesday . I play soccer .

화요일이에요. 나는 축구를 해요.

I score many goals .

나는 골을 많이 넣어요.

I am the captain of my team !

나는 내 팀의 주장이에요!

On Tuesdays, I have a cooking class .

화요일마다, 나는 요리 수업이 있어요.

It begins at 6 p.m.

그것은 오후 6시에 시작해요.

I'm making a sandwich today.

나는 오늘 샌드위치를 만들 거예요.

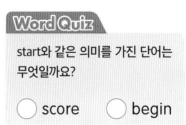

Word Quiz

start와 같은 의미를 가진 단어는 무엇일까요?

◯ score   ◯ begin

Word Check

A 사진을 보고 알맞은 단어를 찾아 번호를 쓰세요.

| 1 | 2 | 3 | 4 |

cooking ☐   score ☐   class ☐   sandwich ☐

B 단어와 우리말 뜻을 선으로 연결하고, 빈칸에 단어를 쓰세요.

1 begin · · (운동 팀의) 주장 ⇒ _____

2 captain · · 축구 ⇒ _____

3 Tuesday · · 시작하다 ⇒ _____

4 soccer · · 화요일 ⇒ _____

C 우리말 뜻에 해당하는 단어를 찾아 동그라미 하세요.

1 골, 득점   t a b e f c d g o a l   2 팀   h o t e a m w i g t h

3 요리   c a k c o o k i n g i   4 수업   w o k e c l a s s a g

Sentence Check

D 그림에 알맞은 말을 골라 ☑ 표 하세요.

1

I score many goals.

I'm making a sandwich.

2

I have a cooking class.

I play soccer.

E 우리말과 같도록 보기 에서 알맞은 말을 찾아 문장을 완성하세요.

보기	captain	Tuesday	score	goal	begin

1 화요일이에요. ➡ It's _____.

2 나는 내 팀의 주장이에요! ➡ I am the _____ of my team!

3 그것은 오후 6시에 시작해요. ➡ It _____s at 6 p.m.

4 나는 골을 많이 넣어요. ➡ I _____ many _____s.

> **TIP** 'It's + 요일'은 '~요일이에요.'라는 의미예요. 여기서 it은 '날짜, 요일'을 나타내는 비인칭 주어로, '그것'이라고 따로 해석하지 않아요.

나만의 문장 만들기 요일별 나의 일정을 나타내는 문장을 완성해 보세요.

It's _____. (요일)이에요.

On _____s, I _____. (요일)마다, 나는(활동)을 해요.

DAY 32 What Do You Do on Mondays?

① **day** 날, 하루

② **Monday** 월요일

③ **Wednesday** 수요일

④ **Sunday** 일요일

⑤ **family** 가족

⑥ **church** 교회

⑦ **busy** 바쁜

⑧ **lazy** 게으른

⑨ **clean** 청소하다, 깨끗한

⑩ **nothing** 아무것도 (~이 아니다)

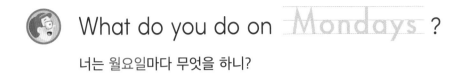
What do you do on Mondays ?

너는 월요일마다 무엇을 하니?

They're busy days . I clean my room.

바쁜 날이에요. 저는 제 방을 청소해요.

What do you do on Wednesdays ?

너는 수요일마다 무엇을 하니?

I do nothing . It's okay to be lazy .

저는 아무것도 안 해요. 게을러져도 괜찮아요. (게으름을 피워도 괜찮아요.)

What do you do on Sundays ?

너는 일요일마다 무엇을 하니?

I go to church with my family .

저는 제 가족과 함께 교회에 가요.

Word Quiz

월요일을 나타내는 말을 바르게 표기한 것은 무엇일까요?

◯ monday   ◯ MONday   ◯ Monday

Word Check

A 사진을 보고 알맞은 단어를 골라 선으로 연결하세요.

1   day
    family

2   busy
    lazy

3   clean
    nothing

4   church
    Sunday

B 우리말 뜻과 같도록 보기 에서 알맞은 단어를 찾아 쓰세요.

보기   nothing   Wednesday   Monday   Sunday

1 _____
        일요일

2 _____
        수요일

3 _____
        월요일

4 _____
   아무것도 (~이 아니다)

C 우리말 뜻을 보고 빈칸에 알맞은 글자를 써서 단어를 완성하세요.

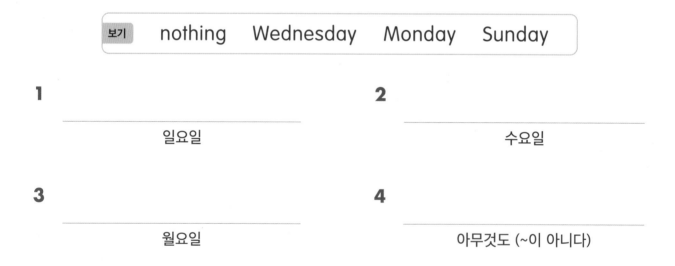

1   날   ☐ ☐ y

2   게으른   ☐ a ☐

3   가족   ☐ a m i ☐

4   청소하다   ☐ ☐ l e

Sentence Check

D 그림에 알맞은 말을 골라 ☑ 표 하세요.

1

What do you do on Sundays?

What do you do on Wednesdays?

2

I go to church.

I clean my room.

E 우리말과 같도록 주어진 글자를 바르게 배열하여 문장을 완성하세요.

1 너는 월요일마다 무엇을 하니? ⇒ What do you do on _____s?
(y a n M o d)

2 저는 아무것도 안 해요. ⇒ I do _____.
(t i h n o g n)

3 저는 제 방을 청소해요. ⇒ I _____ my room.
(a n e c l)

4 저는 제 가족과 함께 교회에 가요. ⇒ I go to _____ with my family.
(c c h h r u)

나만의 문장 만들기   요일별 일정을 묻고 답하는 문장을 완성해 보세요.

What do you on _____? 당신은 (요일)마다 무엇을 하나요?

I _____. 나는 (활동)을 해요.

DAY 33 Put on Your Hat

STEP 1 단어 알기 단어를 보고, 듣고, 큰 소리로 따라 읽으세요. Track 77

❶ **hat** 모자

❷ **scarf** 목도리, 스카프

❸ **boots** 부츠, 장화

❹ **carrot** 당근

❺ **button** 단추

❻ **stone** 돌멩이

❼ **branch** 나뭇가지

• branches: branch의 복수형

❽ **snowman** 눈사람

❾ **outside** 밖

❿ ㉃ **put on** 입다, 쓰다, 신다

It's very cold outside . Put on your hat .

밖이 매우 추워요. 당신의 모자를 쓰세요.

Put on your scarf and boots , too.

당신의 목도리를 두르고 부츠도 신으세요.

Let's make a snowman .

눈사람을 만들어 보아요.

Branches can be arms. Stones can be a mouth.

나뭇가지는 팔이 될 수 있어요. 돌멩이는 입이 될 수 있어요.

Buttons can be eyes. A carrot can be a nose.

단추는 눈이 될 수 있어요. 당근은 코가 될 수 있어요.

Word Quiz

겨울에 착용할 수 있는 물건이
아닌 것은 무엇일까요?

- ◯ scarf
- ◯ boots
- ◯ carrot

Word Check

A 사진을 보고 알맞은 단어를 찾아 번호를 쓰세요.

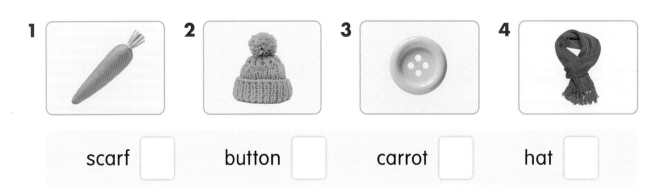

scarf ☐   button ☐   carrot ☐   hat ☐

B 단어와 우리말 뜻을 선으로 연결하고, 빈칸에 단어를 쓰세요.

1 outside ・   ・ 나뭇가지 ⇒ _____

2 put on ・   ・ 쓰다, 신다 ⇒ _____

3 branch ・   ・ 밖 ⇒ _____

4 snowman ・   ・ 눈사람 ⇒ _____

C 우리말 뜻에 해당하는 단어를 찾아 동그라미 하세요.

1 부츠, 장화 aobootsaihm

2 단추 almebuttont

3 목도리 soscarfoont

4 돌멩이 estonelemei

Sentence Check

D 그림에 알맞은 말을 골라 ☑ 표 하세요.

1

Put on your boots.

Put on your hat.

2

A carrot can be a nose.

Buttons can be a nose.

E 우리말과 같도록 보기 에서 알맞은 말을 찾아 문장을 완성하세요.

보기	Put on	outside	Button	snowman

1 당신의 모자를 쓰세요. ⇒ _____ your hat.

2 밖이 매우 추워요. ⇒ It's very cold _____.

3 눈사람을 만들어 보아요. ⇒ Let's make a _____.

4 단추는 눈이 될 수 있어요. ⇒ _____s can be eyes.

나만의 문장 만들기 추운 겨울의 복장에 대한 문장을 완성해 보세요.

It's _____ outside. 밖은 추워요.

Put on your _____. (의복)을 입으세요.

DAY 34 # Do You Want Some Soup?

STEP 1 **단어 알기** 단어를 보고, 듣고, 큰 소리로 따라 읽으세요. Track 79

① **soup**
수프

② **pizza**
피자

③ **cookie**
쿠키

④ **candy**
사탕

TIP candy의 복수형은 candies와 candy
둘 다 쓸 수 있어요.

⑤ **pear**
배

⑥ **watermelon** 수박

TIP watermelon의 복수형은 watermelons와
watermelon 둘 다 쓸 수 있어요.

⑦ **dinner** 저녁 식사

⑧ **party** 파티

⑨ **lady** 숙녀
• ladies: lady의 복수형

⑩ **gentleman** 신사
• gentlemen: gentleman의 복수형

Ladies and gentlemen !

신사 숙녀 여러분!

Welcome to Sally's dinner party !

샐리의 저녁 식사 파티에 오신 것을 환영합니다!

Do you want some soup ?

수프 좀 먹을래요?

Do you want some pizza ?

피자 좀 먹을래요?

I want some cookies and candies .

나는 쿠키와 사탕을 좀 원해요.

I want some watermelons and pears .

나는 수박과 배를 좀 원해요.

Word Quiz

'하루 중 저녁에 하는 식사'를 무엇
이라고 하나요?

◯ party   ◯ dinner

Word Check

A 사진을 보고 알맞은 단어를 골라 선으로 연결하세요.

1 lady / gentleman

2 soup / pizza

3 candy / cookie

4 pear / watermelon

B 우리말 뜻과 같도록 보기 에서 알맞은 단어를 찾아 쓰세요.

보기	dinner	gentleman	party	pear

1

_____
배

2

_____
저녁 식사

3

_____
신사

4

_____
파티

C 우리말 뜻을 보고 빈칸에 알맞은 글자를 써서 단어를 완성하세요.

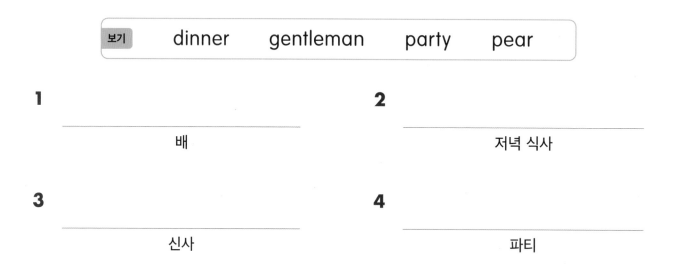

1 쿠키   c o ☐ k ☐ ☐

2 피자   p i ☐ ☐ a

3 수프   s ☐ ☐ p

4 사탕   c a ☐ d ☐

Sentence Check

D 그림에 알맞은 말을 골라 ☑ 표 하세요.

1

I want some pears.

I want some watermelons.

2

Do you want some pizza?

Do you want some candies?

E 우리말과 같도록 주어진 글자를 바르게 배열하여 문장을 완성하세요.

1 수프 좀 먹을래요? ➡ Do you want some _____?
(u p o s)

2 신사 숙녀 여러분! ➡ _____ and gentlemen!
(e d i s L a)

3 나는 쿠키와 사탕을 좀 원해요. ➡ I want some _____ and candies.
(i e s k o o c)

4 나는 수박과 배를 좀 원해요. ➡ I want some _____ and pears.
(e w m r t a e o n l s)

> **TIP** 'Do you want some + 음식?'은 '(음식) 좀 먹을래요?'라는 의미예요.

나만의 문장 만들기 음식을 권하고 이에 답하는 문상을 완성해 보세요.

Do you want some _____ ? (음식) 좀 먹을래요?

Yes, I want some _____ . 네, 저는 (음식)을 원해요.

DAY 35 Some Clothes Are on Sale

STEP 1 단어 알기 단어를 보고, 듣고, 큰 소리로 따라 읽으세요. Track 81

❶ **shop** 상점, 가게

❷ **sale** 세일, 할인 판매

• on sale 세일 중인

❸ **dress** 드레스, 원피스

❹ **clothes** 옷

❺ **mirror** 거울

❻ **queen** 여왕

❼ **window** 창문

• shop window 상점 진열창

❽ **yourself** 네 자신, 당신

❾ **inside** ~안으로, 안

• outside ~ 밖으로, 밖

❿ 구 **try on** 입어 보다, 신어 보다

Look! Some clothes are on sale .

봐! 세일 중인 옷이 좀 있어.

I see a dress in a shop window .

상점 진열창에 드레스가 보이네.

Let's go inside the shop.

상점 안으로 들어가자.

 Try on this dress.

이 드레스를 입어 봐.

Look at yourself in the mirror .

거울 속 네 자신을 봐.

You look like a queen !

네가 마치 여왕처럼 보여!

Word Quiz

outside와 반대의 의미를
가진 단어는 무엇일까요?

◯ shop
◯ window
◯ inside

Word Check

A 사진을 보고 알맞은 단어를 찾아 번호를 쓰세요.

1 2 3 4

queen ☐   mirror ☐   dress ☐   window ☐

B 단어와 우리말 뜻을 선으로 연결하고, 빈칸에 단어를 쓰세요.

1 sale   ·   · ~ 안으로, 안   ⇒ _____

2 yourself ·   · 입어 보다   ⇒ _____

3 inside   ·   · 세일, 할인 판매 ⇒ _____

4 try on   ·   · 네 자신, 당신 ⇒ _____

C 우리말 뜻에 해당하는 단어를 찾아 동그라미 하세요.

1 상점 s a n e s h o p y w e   2 옷 p o w e c l o t h e s

3 거울 b m e m i r r o r o n   4 여왕 t g a m w q u e e n i

Sentence Check

D 그림에 알맞은 말을 골라 ☑ 표 하세요.

1

Look at yourself in the mirror.

Let's go inside the shop.

2

You look like a queen!

You look like a prince!

E 우리말과 같도록 보기 에서 알맞은 말을 찾아 문장을 완성하세요.

보기	Try on	window	clothes	yourself

1 상점 진열창에 드레스가 보이네. ➡ I see a dress in a shop _____.

2 세일 중인 옷이 좀 있어. ➡ Some _____ are on sale.

3 이 드레스를 입어 봐. ➡ _____ this dress.

4 거울 속 네 자신을 봐. ➡ Look at _____ in the mirror.

나만의 문장 만들기 쇼핑할 때 사용하는 문장을 완성해 보세요.

Try on this _____. 이 (의복)을 입어 봐요.

You look like a _____ ! 당신은 마치 (캐릭터)처럼 보여요!

A 잘 듣고, 들려주는 순서대로 사진에 번호를 쓰세요. Track 83

B 잘 듣고, 알맞은 단어에 동그라미 하세요. Track 84

1

sale   dress

2

soup   cookie

3

boots   button

4

cooking   score

C 사진에 해당하는 단어와 우리말 뜻을 찾아 선으로 연결하세요.

1

2

3

4

| window | snowman | candy | team |

눈사람 | 창문 | 팀 | 사탕

D 그림을 보고 알맞은 단어를 골라 동그라미 하세요.

1

A (pear / carrot) can be a nose.

2

You look like a (prince / queen)!

3

I want some (watermelons / pears).

E 우리말과 같도록 알맞은 단어를 써서 문장을 완성하세요.

1 당신의 모자를 쓰세요. ➡ _____ _____ your hat.

2 신사 숙녀 여러분! ➡ _____ and gentlemen!

3 거울 속 네 자신을 봐. ➡ Look at _____ in the mirror.

4 저는 아무것도 안 해요. ➡ I do _____.

5 저는 제 가족과 함께 교회에 가요. ➡ I go to _____ with my family.

F 보기 에서 알맞은 단어를 골라 문장을 완성하세요.

보기 clothes   begins   inside   busy   class   Mondays

1 I have a cooking _____.
It _____ at 6 p.m.

2 Ⓐ What do you do on _____?
Ⓑ I clean my room. I am _____.

3 Some _____ are on sale.
Let's go _____ the shop.

Crossword Puzzle

⭐ 문장을 읽고 알맞은 단어를 찾아 퍼즐을 완성하세요.

Down ⬇

1 I love my _____.

2 _____ es can be arms.

6 I want some _____ s.

Across ➡

3 It's okay to be _____.

4 It's my birthday _____ !

5 You look like a _____ !

7 I _____ my room.

How Much Is This Bowl?

STEP 1 단어 알기 단어를 보고, 듣고, 큰 소리로 따라 읽으세요. Track 85

① bowl 그릇

② spoon 숟가락

③ knife 칼, 나이프
- knives: knife의 복수형

④ hundred 백, 100

⑤ thousand 천, 1000

⑥ cheap (값이) 싼

⑦ expensive 비싼

cheap ↖   ↗ expensive

⑧ bad 나쁜

TIP not bad는 '나쁘지 않은', '생각보다 괜찮은' 이라는 뜻이에요.

⑨ sell 팔다, 판매하다

⑩ about ~에 대한, ~에 관한

TIP What about ~?은 '~은 어떤가요?'라는 의미예요.

What do you sell ?

당신은 무엇을 판매하나요?

I sell bowls , spoons , and knives .

나는 그릇, 숟가락, 그리고 나이프를 팔아요.

How much is this bowl?

이 그릇은 얼마인가요?

It's cheap . It's five hundred won.

그것은 싸요. 그것은 오백 원이에요.

What about this bowl?

이 그릇에 대해선 어떤가요? (얼마인가요?)

It's five thousand won.

그것은 오천 원이에요.

That's a little expensive , but it's not too bad .

약간 비싸지만, 그렇게 나쁘지는 않네요.

Word Quiz

'백'의 '열 배'에 해당하는
숫자는 무엇일까요?

◯ ten
◯ thousand
◯ twenty

Word Check

A 사진을 보고 알맞은 단어를 골라 선으로 연결하세요.

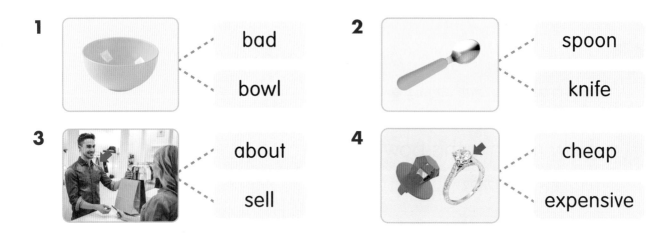

1 bad
   bowl

2 spoon
   knife

3 about
   sell

4 cheap
   expensive

B 우리말 뜻과 같도록 보기 에서 알맞은 단어를 찾아 쓰세요.

보기   cheap   thousand   knife   bad

1 _____
   싼

2 _____
   나쁜

3 _____
   칼, 나이프

4 _____
   천, 1000

C 우리말 뜻을 보고 빈칸에 알맞은 글자를 써서 단어를 완성하세요.

1 백, 100   h u ☐ ☐ r e d

2 ~에 대한   ☐ ☐ o ☐ t

3 그릇   b ☐ ☐ ☐

4 비싼   e x ☐ e n s i ☐

Sentence Check

D 그림에 알맞은 말을 골라 ☑ 표 하세요.

1
It's 500 won.

☐ What do you sell?

☐ How much is it?

2
SALE

☐ I sell spoons and knives.

☐ I sell bowls and knives.

E 우리말과 같도록 주어진 글자를 바르게 배열하여 문장을 완성하세요.

1 그것은 싸요.
➡ It's _____.
(p e h c a)

2 당신은 무엇을 판매하나요?
➡ What do you _____?
(e l l s)

3 그것은 오천 원이에요.
➡ It's five _____ won.
(s a d n h t o u)

4 약간 비싸지만, 그렇게 나쁘지는 않네요.
➡ That's a little _____,
(e i n e v s x p e)
but it's not too bad.

나만의 문장 만들기 가격을 묻고 답하는 문장을 완성해 보세요.

How much is this _____? 이 (물건)은 얼마인가요?

It's _____ won. 그것은 (가격)원이에요.

STEP 1 단어 알기   단어를 보고, 듣고, 큰 소리로 따라 읽으세요. Track 87

1st 2nd 3rd

① **home** 집

② **tape** 테이프

③ **ruler** 자

④ **crayon** 크레용

⑤ **eraser** 지우개

⑥ **pencil case** 필통

⑦ **use** 사용하다
• use a ruler 자를 쓰다

⑧ **sure** 물론, 물론이지

⑨ **just** 그냥, 단지

⑩ **leave** ~을 두고 오다
• left: leave의 과거형

I left my pencil case at home .

나는 내 필통을 집에 두고 왔어.

Can I use your eraser ?

내가 네 지우개를 써도 될까?

Sure , here it is.

물론이지, 여기 있어.

Can I use your tape and ruler ?

내가 네 테이프와 자를 써도 될까?

Sure, here you are.

물론이지, 여기 있어.

Can I use your crayons , too?

내가 네 크레용도 써도 될까?

Just use them all.

그냥 그것들 모두 써.

Thank you!

고마워!

Word Quiz

글씨나 그림 등을 지우는 데 쓰는 물건은 무엇일까요?

◯ ruler   ◯ eraser

Word Check

A 사진을 보고 알맞은 단어를 찾아 번호를 쓰세요.

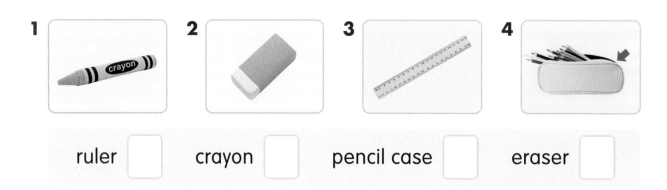

ruler ☐   crayon ☐   pencil case ☐   eraser ☐

B 단어와 우리말 뜻을 선으로 연결하고, 빈칸에 단어를 쓰세요.

1	leave	•	•	그냥, 단지	➡	_____
2	tape	•	•	테이프	➡	_____
3	home	•	•	~을 두고 오다	➡	_____
4	just	•	•	집	➡	_____

C 우리말 뜻에 해당하는 단어를 찾아 동그라미 하세요.

1 사용하다   a e i o u s e r a w r   2 크레용   c r a y o n a m e s l

3 지우개   s e e r a s e r a l q   4 물론   p o p e b c s u r e i

Sentence Check

D 그림에 알맞은 말을 골라 ☑ 표 하세요.

1

Can I use your ruler?

Can I use your crayons?

2

Sure, here it is.

Thank you.

TIP Here you are.과 Here it is.는 모두 '여기 있어.'라는 뜻이에요.

E 우리말과 같도록 보기 에서 알맞은 말을 찾아 문장을 완성하세요.

보기	Just	pencil case	left	crayon	use

1 내가 네 지우개를 써도 될까? ⟹ Can I _____ your eraser?

2 내가 네 크레용도 써도 될까? ⟹ Can I use your _____s, too?

3 그냥 그것들 모두 써. ⟹ _____ use them all.

4 나는 내 필통을 집에 두고 왔어. ⟹ I _____ my _____ at home.

나만의 문장 만들기 요청하고 그에 답하는 문장을 완성해 보세요.

Can I use your _____? ? 당신의 (물건)을 써도 될까요?

_____, here it is. 물론이죠, 여기 있어요.

I Get Up Early

STEP 1 단어 알기 단어를 보고, 듣고, 큰 소리로 따라 읽으세요. Track 89

1st 2nd 3rd

❶ **school** 학교

❷ **lunch** 점심 식사

❸ **tooth** 이, 이빨
- teeth: tooth의 복수형

❹ **brush** 솔질을 하다
- brush one's teeth 이를 닦다

❺ **study** 공부하다

❻ **exercise** 운동하다

❼ ⓒ **get up** 일어나다

❽ **late** 지각인, 늦게

❾ **early** 일찍

❿ **after** ~한 후에

I get up early .

나는 일찍 일어나요.

I'm never late for school .

나는 학교에 절대 늦지 않아요.

I brush my teeth after lunch .

나는 점심 식사 후에 이를 닦아요.

I study hard at school.

나는 학교에서 열심히 공부해요.

I exercise every day.

나는 매일 운동해요.

Word Quiz

'일과'를 나타내는 단어가
아닌 것은 무엇일까요?

◯ study
◯ get up
◯ tooth

Word Check

A 사진을 보고 알맞은 단어를 골라 선으로 연결하세요.

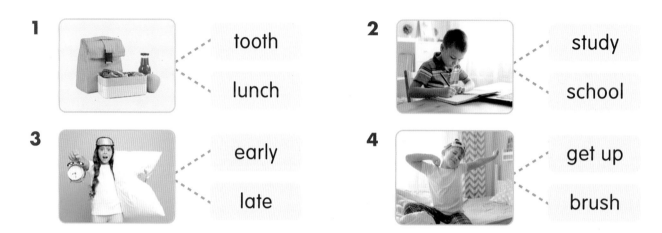

1 tooth
   lunch

2 study
   school

3 early
   late

4 get up
   brush

B 우리말 뜻과 같도록 보기 에서 알맞은 단어를 찾아 쓰세요.

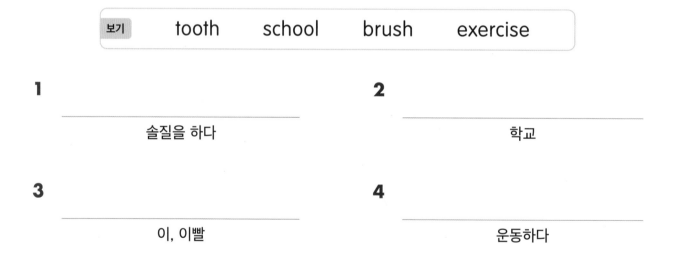

보기 tooth   school   brush   exercise

1 _____
   솔질을 하다

2 _____
   학교

3 _____
   이, 이빨

4 _____
   운동하다

C 우리말 뜻을 보고 빈칸에 알맞은 글자를 써서 단어를 완성하세요.

1 ~한 후에   a ☐ ☐ e r

2 일찍   e a ☐ ☐ y

3 점심 식사   l ☐ ☐ c ☐

4 공부하다   ☐ ☐ u d y

Sentence Check

D 그림에 알맞은 말을 골라 ☑ 표 하세요.

1

I get up early.

I get up late.

2

I study hard.

I exercise hard.

E 우리말과 같도록 주어진 글자를 바르게 배열하여 문장을 완성하세요.

1 나는 학교에서 열심히 공부해요. ⟹ I _____ hard at school.
(d y t u s)

2 나는 학교에 절대 늦지 않아요. ⟹ I'm never _____ for school.
(e t a l)

3 나는 점심 식사 후에 이를 닦아요. ⟹ I brush my teeth after _____.
(h c u l n)

4 나는 매일 운동해요. ⟹ I _____ every day.
(e r x e s c i e)

TIP every는 '매~'라는 뜻으로, every day는 '매일', every week는 '매주'를 의미해요.

나만의 문장 만들기 나의 하루 일과에 대해 묘사하는 문장을 완성해 보세요.

I _____ **early.** 나는 일찍 일어나요.

I _____ **every day.** 나는 매일 (일과)해요.

DAY 39 I'm Cutting the Cake

STEP 1 단어 알기 단어를 보고, 듣고, 큰 소리로 따라 읽으세요. Track 91

1st 2nd 3rd

1 song 노래
- sing a song 노래를 부르다

2 present
선물

3 candle 초

4 crown
왕관

5 balloon
풍선

6 tonight 오늘 밤

7 cut
자르다

8 count (수를) 세다

9 blow (입으로) 불다

10 carry 나르다, 옮기다

We will have a party tonight .

우리는 오늘 밤 파티를 열 거예요.

I'm cutting the cake.

나는 케이크를 자르고 있어요.

Luke is counting the candles .

루크는 초를 세고 있어요.

Amy is blowing up the balloons .

에이미는 풍선을 불고 있어요.

Jason is making crowns .

제이슨은 왕관을 만들고 있어요.

Peter is carrying the presents .

피터는 선물을 옮기고 있어요.

Word Quiz

풍선은 어떻게 크게 만드나요?

◯ cut   ◯ blow

Sandy is singing a song .

샌디는 노래를 부르고 있어요.

Word Check

A 사진을 보고 알맞은 단어를 찾아 번호를 쓰세요.

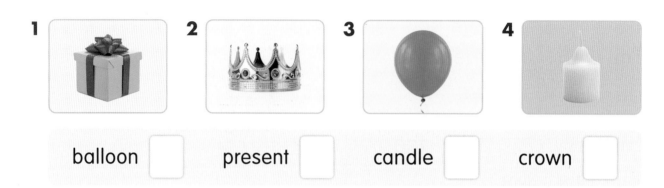

balloon ☐   present ☐   candle ☐   crown ☐

B 단어와 우리말 뜻을 선으로 연결하고, 빈칸에 단어를 쓰세요.

1 song ·   · 노래 ➡ _____

2 carry ·   · 자르다 ➡ _____

3 cut ·   · (입으로) 불다 ➡ _____

4 blow ·   · 나르다 ➡ _____

C 우리말 뜻에 해당하는 단어를 찾아 동그라미 하세요.

1 (수를) 세다 countabilon   2 선물 sobapresent

3 오늘 밤 vwctonighto   4 왕관 lcrqcrownom

Sentence Check

D 그림에 알맞은 말을 골라 ☑ 표 하세요.

1

I'm carrying the present.

I'm blowing up the balloon.

2

I'm singing a song.

I'm counting the candles.

E 우리말과 같도록 보기 에서 알맞은 말을 찾아 문장을 완성하세요.

| 보기 | cutting | counting | crown | tonight | candle |

1 나는 케이크를 자르고 있어요. ➡ I'm _____ the cake.

2 제이슨은 왕관을 만들고 있어요. ➡ Jason is making _____s.

3 우리는 오늘 밤 파티를 열 거예요. ➡ We will have a party _____.

4 루크는 초를 세고 있어요. ➡ Luke is _____ the _____s.

> **TIP** I'm -ing.는 '나는 ~을 하고 있다.'라는 의미로 '현재 진행 중인 일'을 나타내는 표현이에요.

나만의 문장 만들기 파티 준비를 위해 무엇을 하고 있는지 묘사하는 문장을 완성해 보세요.

I'm _____. 나는 (동작을)하고 있어요.

_____ is _____. (이름)은 (동작) 하고 있어요.

My Father Is Washing the Car

1 car 자동차

2 dish 접시

• dishes: dish의 복수형

3 floor 바닥

4 father 아버지

5 mother 어머니

6 curtain 커튼

7 nap 낮잠

• take a nap 낮잠을 자다

8 dry (물기를) 말리다, 닦다

9 wash 씻다

• wash a car 세차하다

10 behind ~ 뒤에

My father is washing the car .

내 아버지는 세차하고 있어요.

My mother is cleaning the floor .

내 어머니는 바닥을 청소하고 있어요.

My brother is drying the dishes .

내 형은 접시의 (물기를) 닦고 있어요.

What is Milo doing?

마일로는 무엇을 하고 있나요?

He is behind the curtain .

그는 커튼 뒤에 있어요.

He is taking a nap .

그는 낮잠을 자고 있어요.

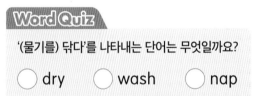

Word Quiz

'(물기를) 닦다'를 나타내는 단어는 무엇일까요?

○ dry   ○ wash   ○ nap

Word Check

A 사진을 보고 알맞은 단어를 골라 선으로 연결하세요.

1
dish
wash

2
car
curtain

3
mother
father

4
nap
dry

B 우리말 뜻과 같도록 보기 에서 알맞은 단어를 찾아 쓰세요.

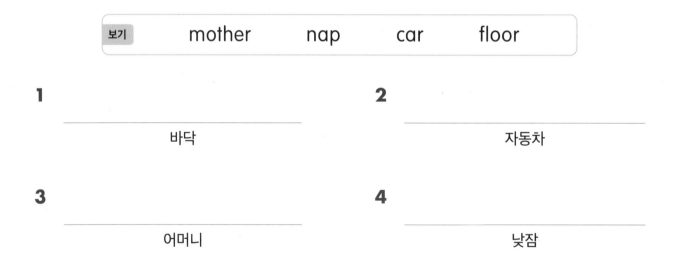

보기   mother   nap   car   floor

1
_____
바닥

2
_____
자동차

3
_____
어머니

4
_____
낮잠

C 우리말 뜻을 보고 빈칸에 알맞은 글자를 써서 단어를 완성하세요.

1 씻다   ☐ a h

2 ~ 뒤에   ☐ e h i ☐

3 아버지   f a ☐ ☐ r

4 커튼   c ☐ ☐ t a ☐ n

Sentence Check

D 그림에 알맞은 말을 골라 ☑ 표 하세요.

1

My father is washing the car.

My mother is washing the car.

2

She is drying the dishes.

She is taking a nap.

E 우리말과 같도록 주어진 글자를 바르게 배열하여 문장을 완성하세요.

1 그는 커튼 뒤에 있어요. ➡ He is _____ the curtain.
(b i n d e h)

2 내 아버지는 세차하고 있어요. ➡ My father is _____ the car.
(w i a n s g h)

3 내 어머니는 바닥을 청소하고 있어요. ➡ My _____ is cleaning the floor.
(e r m o t h)

4 그는 낮잠을 자고 있어요. ➡ He is _____ a _____.
(i n t g k a) (a p n)

나만의 문장 만들기 대청소 날을 묘사하는 문장을 완성해 보세요.

I'm _____. 나는 (동작을) 하고 있어요.

My _____ is _____. 나의 (가족)은 (동작)하고 있어요.

WEEK 8 Review

A 잘 듣고, 들려주는 순서대로 사진에 번호를 쓰세요. Track 95

B 잘 듣고, 알맞은 단어에 동그라미 하세요. Track 96

1 study / exercise

2 crayon / ruler

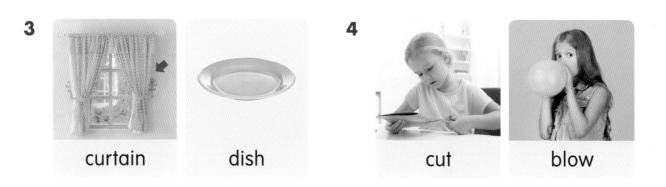

3 curtain / dish

4 cut / blow

C 사진에 해당하는 단어와 우리말 뜻을 찾아 선으로 연결하세요.

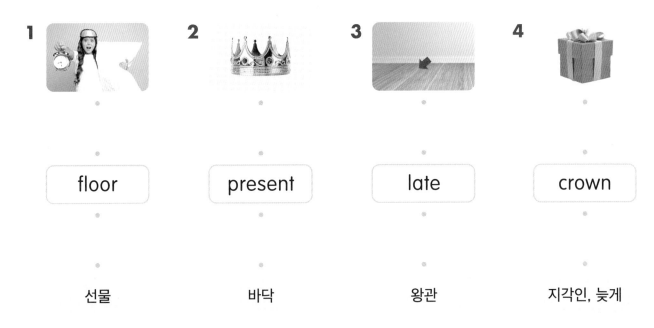

1	2	3	4

floor   present   late   crown

선물   바닥   왕관   지각인, 늦게

D 그림을 보고 알맞은 단어를 골라 동그라미 하세요.

1

Can I use your (eraser / tape)?

2

I (brush / get up) (late / early).

3

She is (blowing / drying) the (car / dishes).

E 우리말과 같도록 알맞은 단어를 써서 문장을 완성하세요.

1 당신은 무엇을 판매하나요? ⇒ What do you _____?

2 나는 내 필통을 집에 두고 왔어. ⇒ I _____ my pencil case at home.

3 나는 학교에 절대 늦지 않아요. ⇒ I'm never late for _____.

4 우리는 오늘 밤 파티를 열 거예요. ⇒ We will have a party _____.

5 피터는 선물을 옮기고 있어요. ⇒ Peter is _____ing the presents.

F 보기 에서 알맞은 단어를 골라 문장을 완성하세요.

| 보기 | nap | exercise | bowl | behind | hundred | study |

1
Milo is _____ the curtain.

He is taking a _____.

2
I _____ hard at school.

I _____ every day.

3
Ⓐ How much is this _____?

Ⓑ It's five _____ won.

Secret Word Game

⭐ 보기 에서 알맞은 단어를 찾아 문장을 완성하고 비밀의 단어가 무엇인지 쓰세요.

보기	Sure	cheap	eraser	brush
	cut	count	wash	spoon

1 It's _____.
      ★

2 Can I use your _____?
                    ♠   ♠

3 I _____ my teeth.
       ♠

4 I'm _____ting the cake.
         ★

5 He is _____ing the numbers.
           ★ ♥   ♦

6 My father is _____ing the car.
                   ■

7 _____, here it is.
          ♠

8 I sell _____s and knives.
            ♥ ♥ ♦

The Secret Word Is ...

★	♠	♥	■	♦

Words Check List

복습이 필요한 단어 및 구에 체크하며, 학습한 내용을 스스로 점검하고 복습해요.

DAY 1

hello	☐
I	☐
my	☐
you	☐
your	☐
name	☐
meet	☐
nice	☐
what	☐
too	☐

DAY 2

bag	☐
doll	☐
robot	☐
room	☐
it	☐
this	☐
that	☐
new	☐
old	☐
welcome	☐

DAY 3

nose	☐
tail	☐
rabbit	☐
elephant	☐
they	☐
big	☐
small	☐
long	☐
short	☐
have	☐

DAY 4

bone	☐
rock	☐
wood	☐
glass	☐
grass	☐
sweater	☐
pillow	☐
puppy	☐
hard	☐
soft	☐

DAY 5

girl	☐
bath	☐
time	☐
bedroom	☐
bathroom	☐
night	☐
good	☐
little	☐
go	☐
sleep	☐

DAY 6

four	☐
six	☐
large	☐
eye	☐
leg	☐
bee	☐
wing	☐
honey	☐
and	☐
collect	☐

DAY 7

apple	☐
orange	☐
grapes	☐
strawberry	☐
fruit	☐
jam	☐
milk	☐
juice	☐
fresh	☐
like	☐

DAY 8

meat	☐
potato	☐
tomato	☐
bean	☐
vegetable	☐
butterfly	☐
cute	☐
look	☐
or	☐
but	☐

DAY 9

white	☐
blue	☐
sun	☐
sky	☐
cloud	☐
sea	☐
beach	☐
sand	☐
fun	☐
play	☐

DAY 10

book	☐
pencil	☐
door	☐
open	☐
close	☐
sit down	☐
stand up	☐
take out	☐
please	☐
quiet	☐

DAY 11

ball	☐
bat	☐
glove	☐
baseball	☐
run	☐
hit	☐
catch	☐
throw	☐
can	☐
with	☐

DAY 12

red	☐
pink	☐
clip	☐
glue	☐
paper	☐
scissors	☐
flower	☐
parents	☐
make	☐
start	☐

Words Check List

복습이 필요한 단어 및 구에 체크하며, 학습한 내용을 스스로 점검하고 복습해요.

DAY 13

pet	☐
green	☐
brown	☐
gray	☐
color	☐
slowly	☐
funny	☐
move	☐
change	☐
introduce	☐

DAY 14

cat	☐
desk	☐
chair	☐
basket	☐
socks	☐
textbook	☐
in	☐
on	☐
under	☐
see	☐

DAY 15

we	☐
noise	☐
museum	☐
picture	☐
take	☐
push	☐
touch	☐
enter	☐
read	☐
aloud	☐

DAY 16

ten	☐
year	☐
gift	☐
today	☐
birthday	☐
get	☐
hope	☐
many	☐
excited	☐
how	☐

DAY 17

he	☐
she	☐
teacher	☐
friend	☐
English	☐
cousin	☐
grandfather	☐
best	☐
teach	☐
together	☐

DAY 18

dog	☐
bell	☐
morning	☐
afternoon	☐
evening	☐
dream	☐
bye	☐
walk	☐
quick	☐
later	☐

DAY 19

ear	☐
mouth	☐
face	☐
hair	☐
neck	☐
round	☐
curly	☐
handsome	☐
smile	☐
draw	☐

DAY 20

line	☐
race	☐
ground	☐
fast	☐
slow	☐
ready	☐
sorry	☐
wrong	☐
win	☐
swim	☐

DAY 21

baby	☐
care	☐
matter	☐
now	☐
cry	☐
sad	☐
happy	☐
angry	☐
thirsty	☐
hungry	☐

DAY 22

eat	☐
wear	☐
tell	☐
guess	☐
food	☐
watch	☐
twenty	☐
question	☐
light	☐
heavy	☐

DAY 23

king	☐
water	☐
bar	☐
world	☐
board	☐
hold	☐
dive	☐
climb	☐
brave	☐
afraid	☐

DAY 24

cap	☐
umbrella	☐
yellow	☐
black	☐
purple	☐
mine	☐
yours	☐
dirty	☐
lose	☐
thanks	☐

Words Check List

복습이 필요한 단어 및 구에 체크하며, 학습한 내용을 스스로 점검하고 복습해요.

DAY 25

shy	☐
kind	☐
curious	☐
ask	☐
answer	☐
science	☐
classroom	☐
who	☐
always	☐
next to	☐

DAY 26

sister	☐
brother	☐
twins	☐
age	☐
memory	☐
clever	☐
same	☐
honest	☐
lie	☐
never	☐

DAY 27

head	☐
arm	☐
hand	☐
finger	☐
fine	☐
hug	☐
wag	☐
feed	☐
point	☐
think	☐

DAY 28

tree	☐
sunny	☐
cloudy	☐
foggy	☐
cold	☐
weather	☐
snow	☐
sing	☐
all	☐
very	☐

DAY 29

pie	☐
breakfast	☐
ugly	☐
poor	☐
alone	☐
some	☐
hate	☐
work	☐
bring	☐
hurry up	☐

DAY 30

mom	☐
dad	☐
uncle	☐
aunt	☐
prince	☐
music	☐
nurse	☐
police officer	☐
act	☐
love	☐

DAY 31

class	☐
goal	☐
soccer	☐
team	☐
captain	☐
cooking	☐
sandwich	☐
Tuesday	☐
score	☐
begin	☐

DAY 32

day	☐
Monday	☐
Wednesday	☐
Sunday	☐
family	☐
church	☐
busy	☐
lazy	☐
clean	☐
nothing	☐

DAY 33

hat	☐
scarf	☐
boots	☐
carrot	☐
button	☐
stone	☐
branch	☐
snowman	☐
outside	☐
put on	☐

DAY 34

soup	☐
pizza	☐
cookie	☐
candy	☐
pear	☐
watermelon	☐
dinner	☐
party	☐
lady	☐
gentleman	☐

DAY 35

shop	☐
sale	☐
dress	☐
clothes	☐
mirror	☐
queen	☐
window	☐
yourself	☐
inside	☐
try on	☐

DAY 36

bowl	☐
spoon	☐
knife	☐
hundred	☐
thousand	☐
cheap	☐
expensive	☐
bad	☐
sell	☐
about	☐

Words Check List

복습이 필요한 단어 및 구에 체크하며, 학습한 내용을 스스로 점검하고 복습해요.

DAY 37

home	☐
tape	☐
ruler	☐
crayon	☐
eraser	☐
pencil case	☐
use	☐
sure	☐
just	☐
leave	☐

DAY 38

school	☐
lunch	☐
tooth	☐
brush	☐
study	☐
exercise	☐
get up	☐
late	☐
early	☐
after	☐

DAY 39

song	☐
present	☐
candle	☐
crown	☐
balloon	☐
tonight	☐
cut	☐
count	☐
blow	☐
carry	☐

DAY 40

car	☐
dish	☐
floor	☐
father	☐
mother	☐
curtain	☐
nap	☐
dry	☐
wash	☐
behind	☐

교과서 문장으로 완전 정복하는
교육부 지정 영단어 800

기적의 초등 ^{필수} 영단어

정답

초등 3~4학년 어휘

1

길벗스쿨

기적의 초등 필수 영단어

1

길벗스쿨

DAY 1

pp. 10 ~ 13

Word Quiz

☑ hello

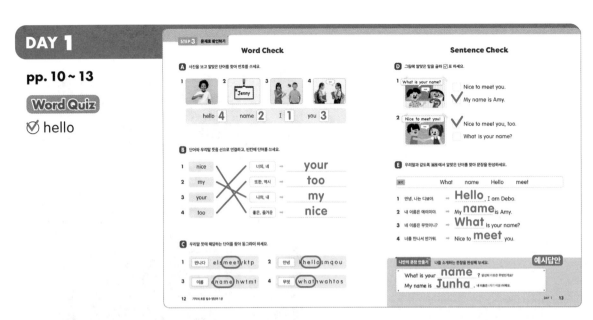

DAY 2

pp. 14 ~ 17

Word Quiz

☑ old

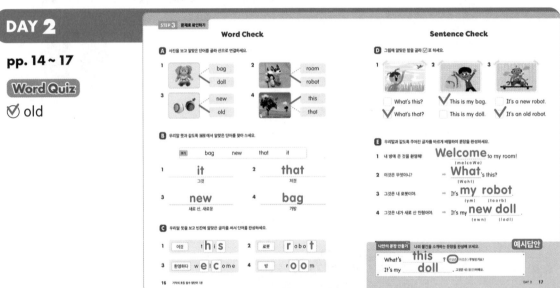

DAY 3

pp. 18 ~ 21

Word Quiz

☑ rabbit – elephant

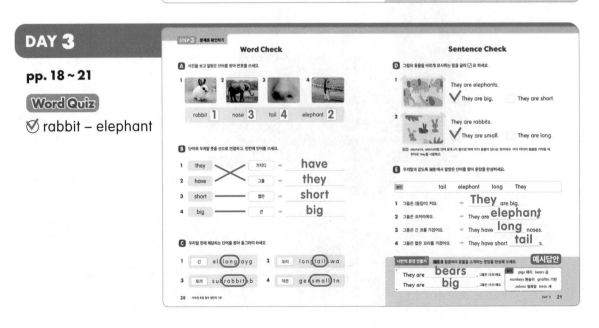

DAY 4

pp. 22 ~ 25

Word Quiz

☑ soft

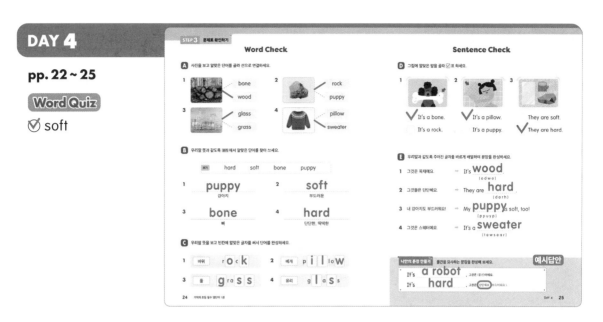

DAY 5

pp. 26 ~ 29

Word Quiz

☑ bedroom

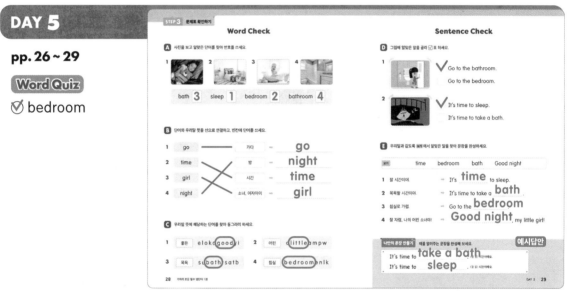

WEEK 1 Review

pp. 30 ~ 31

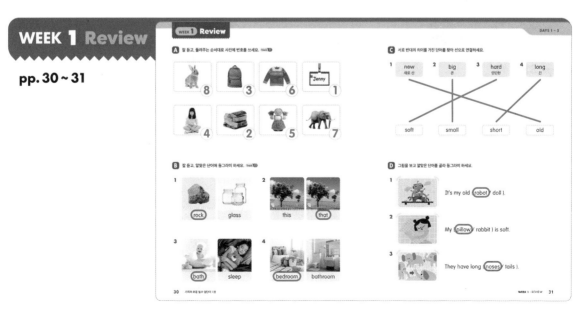

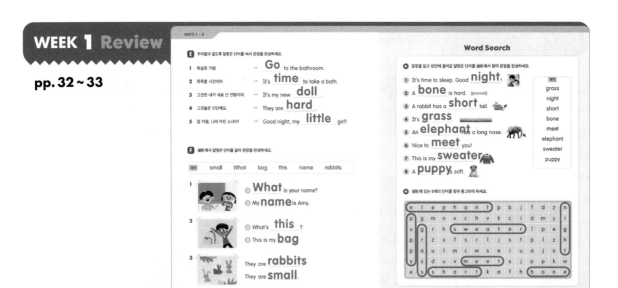

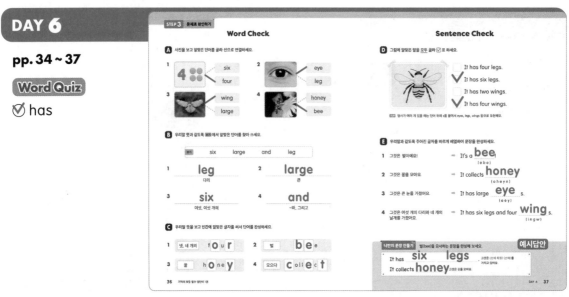

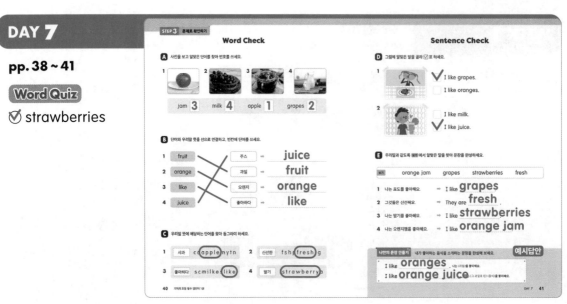

DAY 8

pp. 42 ~ 45

Word Quiz

☑ vegetables

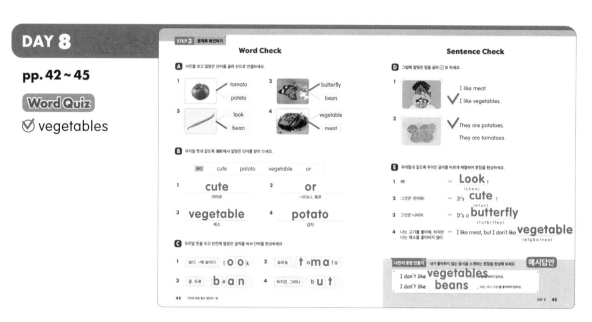

DAY 9

pp. 46 ~ 49

Word Quiz

☑ sand

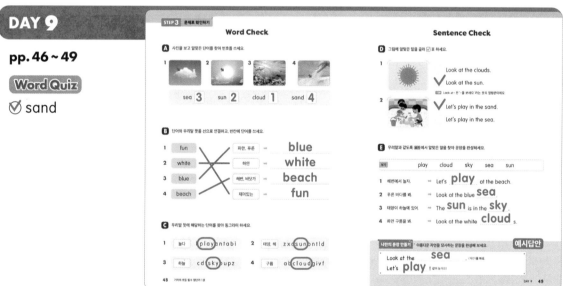

DAY 10

pp. 50 ~ 53

Word Quiz

☑ close

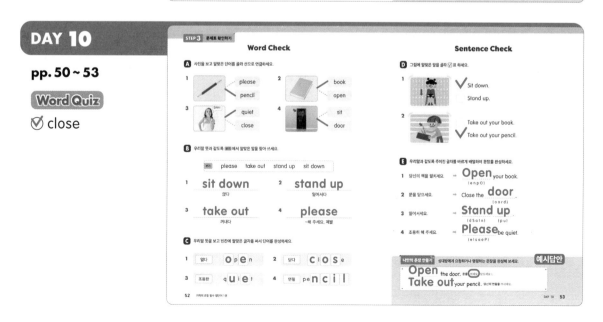

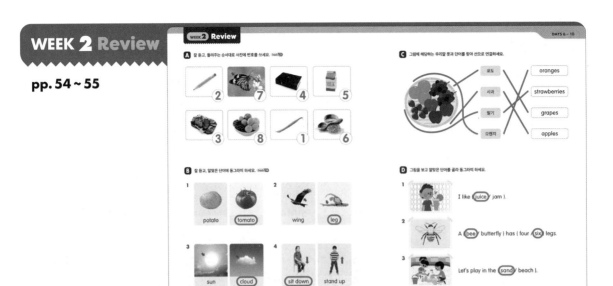

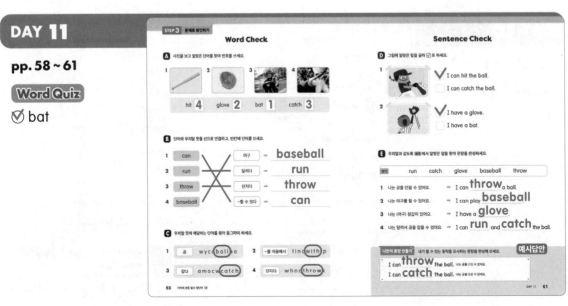

DAY 12

pp. 62 ~ 65

Word Quiz

☑ scissors

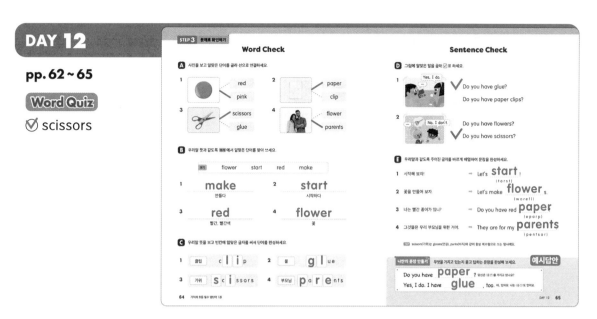

DAY 13

pp. 66 ~ 69

Word Quiz

☑ colors

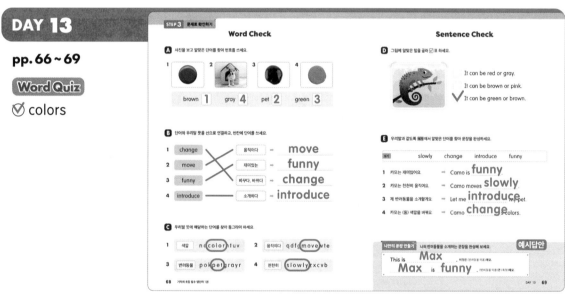

DAY 14

pp. 70 ~ 73

Word Quiz

☑ on

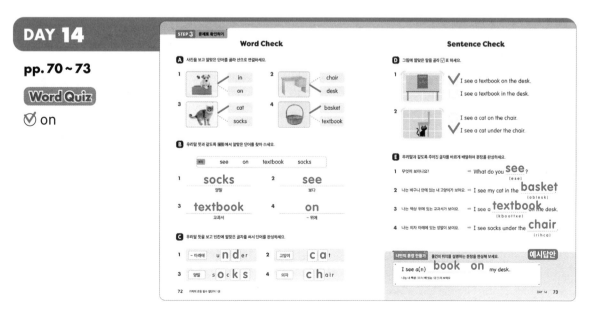

DAY 15

pp. 74 ~ 77

Word Quiz

☑ museum

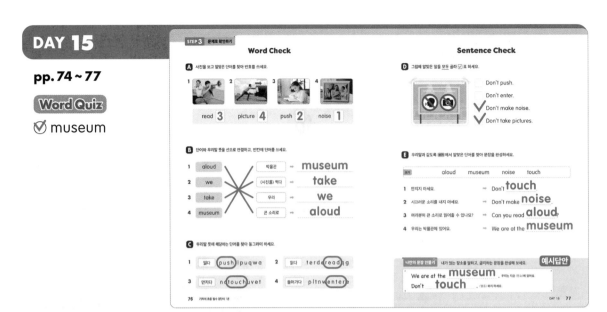

WEEK 3 Review

pp. 78 ~ 79

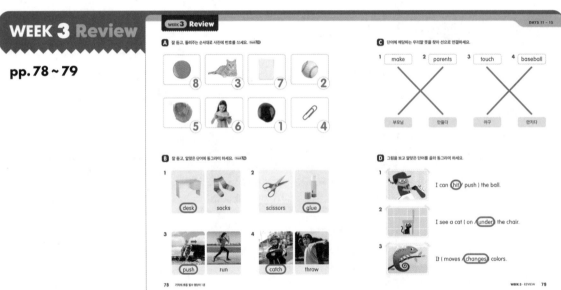

WEEK 3 Review

pp. 80 ~ 81

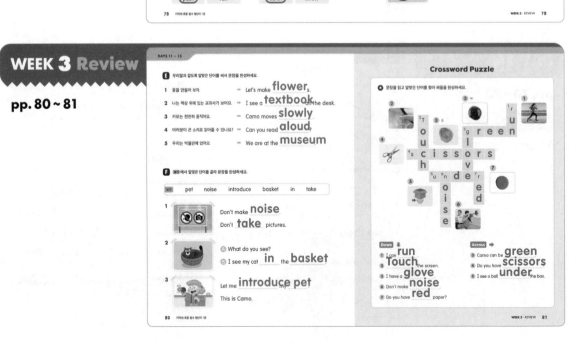

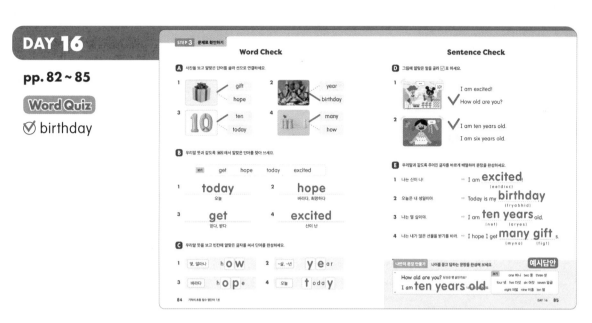

DAY 16

pp. 82 ~ 85

Word Quiz

☑ birthday

DAY 17

pp. 86 ~ 89

Word Quiz

☑ grandfather

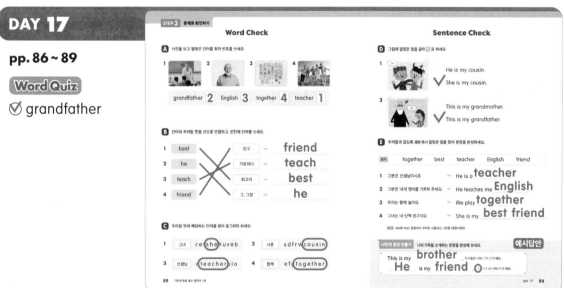

DAY 18

pp. 90 ~ 93

Word Quiz

☑ Good afternoon.

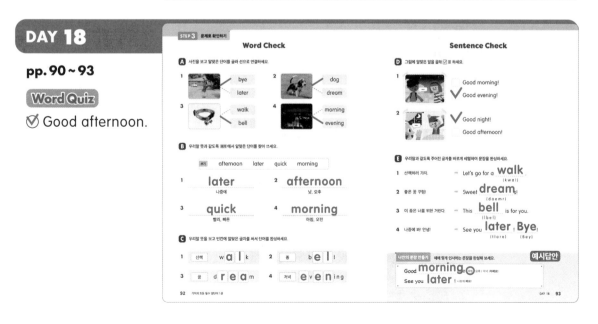

DAY 19

pp. 94 ~ 97

Word Quiz

☑ face

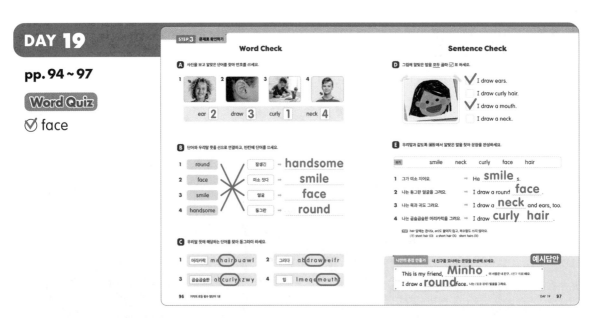

DAY 20

pp. 98 ~ 101

Word Quiz

☑ race

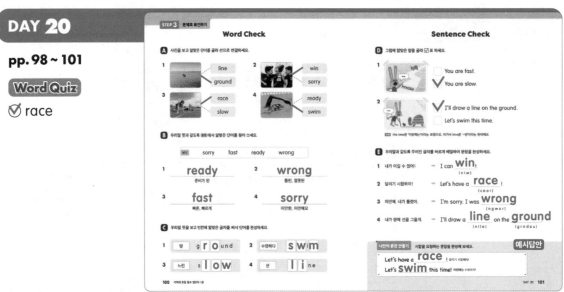

WEEK 4 Review

pp. 102 ~ 103

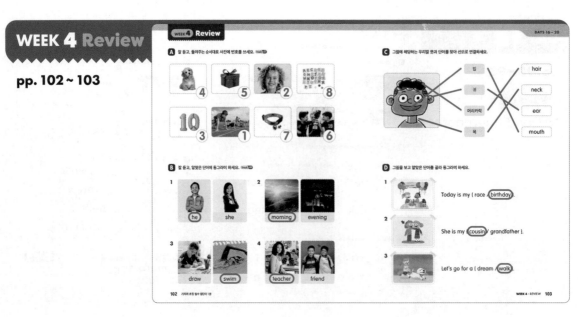

DAYS 16 - 20

E 우리말과 같도록 알맞은 단어를 써서 문장을 완성하세요.

1. 그가 미소 지어요. → He **smile** s.
2. 달리기 시합하자! → Let's have a **race** !
3. 너는 준비됐니? → Are you **ready**?
4. 그는 잘생겼어요! → He is **handsome**.
5. 우리는 함께 놀아요. → We play **together**.

F [보기] 에서 알맞은 단어를 골라 문장을 완성하세요.

[보기] years later How evening fast slow

1. I'm **fast**.
   You are **slow**.
2. Good **evening**.
   See you **later** !
3. A **How** old are you?
   B I am ten **years** old.

Secret Word Game

○ [보기] 에서 알맞은 단어를 찾아 문장을 완성하고 비밀의 단어가 무엇인지 쓰세요.

[보기] walk line Today curly
        many sorry best face

1. I'll draw a **l i n e**.
2. **T o d a y** is my birthday.
3. Let's go for a **w a l k**.
4. She is my **b e s t** friend.
5. I'm **s o r r y**. I was wrong.
6. I hope I get **m a n y** gifts.
7. I draw a round **f a c e**.
8. I have **c u r l y** hair.

The Secret Word Is ...

d r e a m

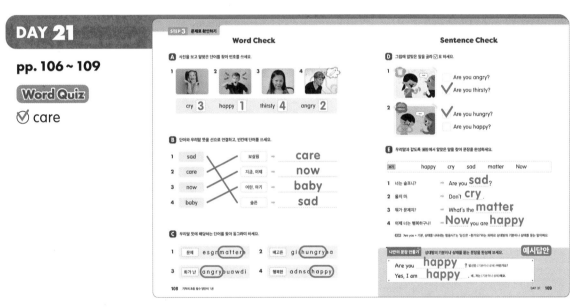

STEP 3 문제로 확인하기

Word Check

A 사진을 보고 알맞은 단어를 찾아 번호를 쓰세요.

cry **3** happy **1** thirsty **4** angry **2**

B 단어와 우리말 뜻을 선으로 연결하고, 빈칸에 단어를 쓰세요.

1. sad — 보살핌 — **care**
2. care — 지금, 이제 — **now**
3. now — 어린, 아기 — **baby**
4. baby — 슬픈 — **sad**

C 우리말 뜻에 해당하는 단어를 찾아 동그라미 하세요.

1. 문제 esgr**matter**a
2. 배고픈 gi**hungry**aa
3. 화가 난 **angry**buawdi
4. 행복한 adns**happy**

Sentence Check

D 그림에 알맞은 말을 골라 ✓표 하세요.

1. ☐ Are you angry?
   ✓ Are you thirsty?
2. ✓ Are you hungry?
   ☐ Are you happy?

E 우리말과 같도록 [보기] 에서 알맞은 말을 찾아 문장을 완성하세요.

[보기] happy cry sad matter Now

1. 너는 슬프니? → Are you **sad**?
2. 울지 마. → Don't **cry**.
3. 뭐가 문제지? → What's the **matter**?
4. 이제 너는 행복하구나! → **Now** you are **happy**!

나만의 문장 만들기 상대방의 기분이나 상태를 묻는 문장을 완성해 보세요.   **예시답안**

Are you **happy** ?
Yes, I am **happy**.

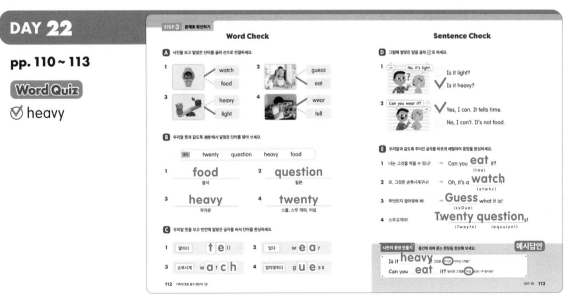

STEP 3 문제로 확인하기

Word Check

A 사진을 보고 알맞은 단어를 골라 선으로 연결하세요.

1. watch / food
2. guess / eat
3. heavy / light
4. wear / tell

B 우리말 뜻과 같도록 [보기] 에서 알맞은 단어를 찾아 쓰세요.

[보기] twenty question heavy food

1. **food** 음식
2. **question** 질문
3. **heavy** 무거운
4. **twenty** 스물, 스무 개의, 이십

C 우리말 뜻을 보고 빈칸에 알맞은 글자를 써서 단어를 완성하세요.

1. 알리다 **t e ll**
2. 입다 **w e a r**
3. 손목시계 **w a t c h**
4. 알아맞히다 **g u e ss**

Sentence Check

D 그림에 알맞은 말을 골라 ✓표 하세요.

1. ☐ Is it light?
   ✓ Is it heavy?
2. ✓ Yes, I can. It tells time.
   ☐ No, I can't. It's not food.

E 우리말과 같도록 주어진 글자를 바르게 배열하여 문장을 완성하세요.

1. 너는 그것을 먹을 수 있니? → Can you **eat** it? (tae)
2. 오, 그것은 손목시계구나! → Oh, it's a **watch**. (atwhc)
3. 무엇인지 알아맞혀 봐! → **Guess** what it is! (ssGue)
4. 스무고개야! → **Twenty question** s! (Tweytn) (eqsuiont)

나만의 문장 만들기 물건에 대해 묻는 문장을 완성해 보세요.   **예시답안**

Is it **heavy** ?
Can you **eat** it?

정답 **11**

DAY 23

pp. 114 ~ 117

Word Quiz

☑ brave

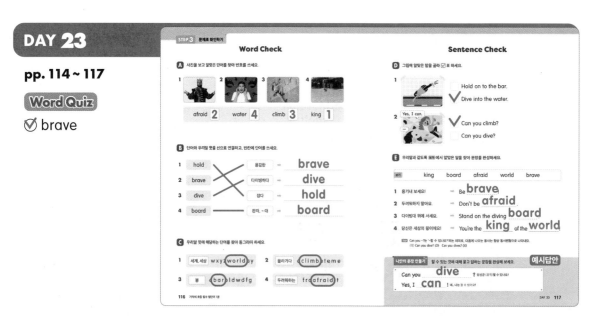

DAY 24

pp. 118 ~ 121

Word Quiz

☑ cap

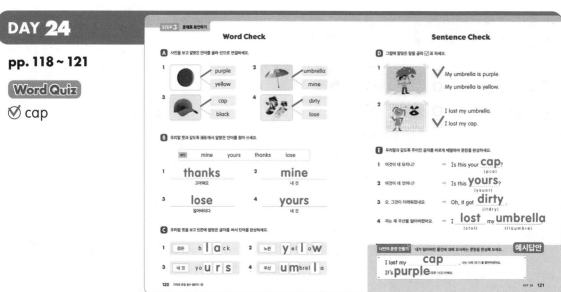

DAY 25

pp. 122 ~ 125

Word Quiz

☑ science

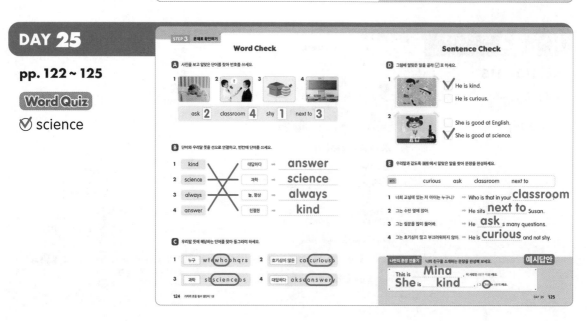

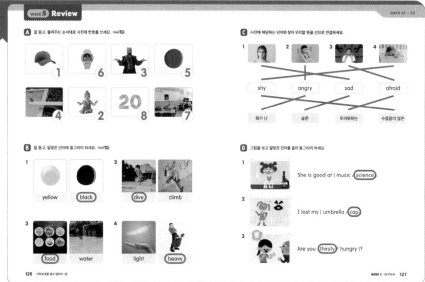

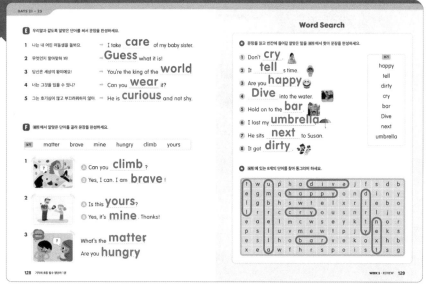

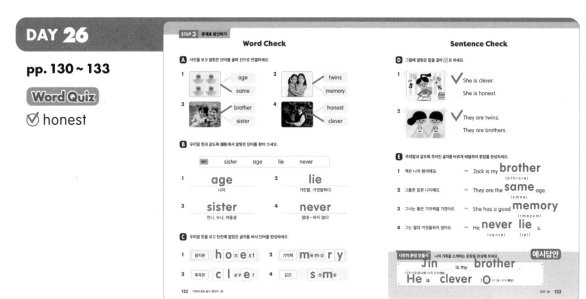

정답 **13**

DAY 27

pp. 134 ~ 137

Word Quiz

☑ finger

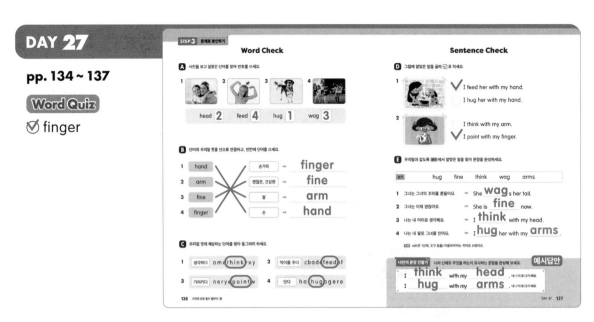

DAY 28

pp. 138 ~ 141

Word Quiz

☑ weather

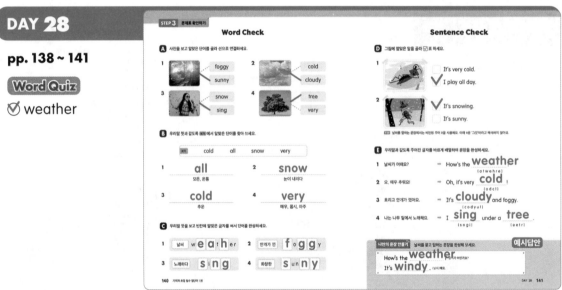

DAY 29

pp. 142 ~ 145

Word Quiz

☑ hate

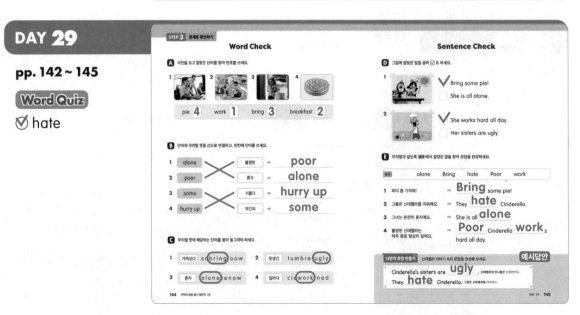

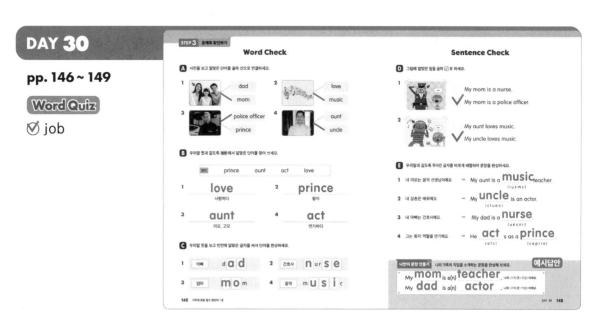

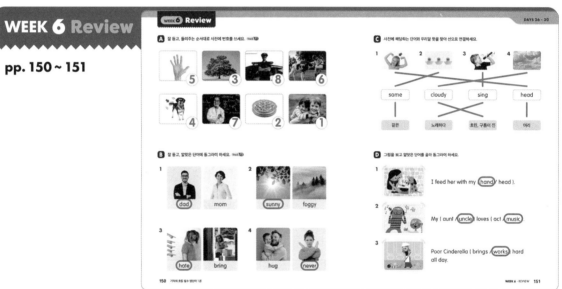

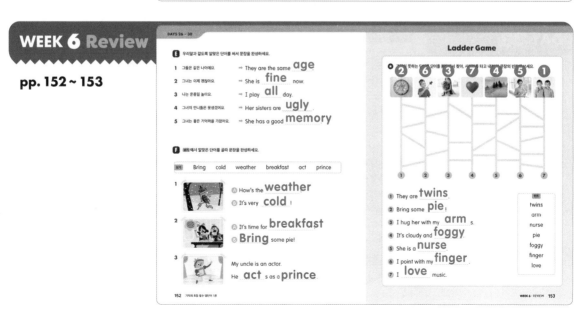

DAY 31

pp. 154 ~ 157

Word Quiz

✓ begin

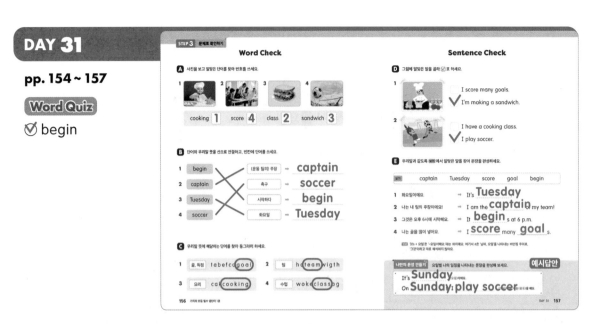

DAY 32

pp. 158 ~ 161

Word Quiz

✓ Monday

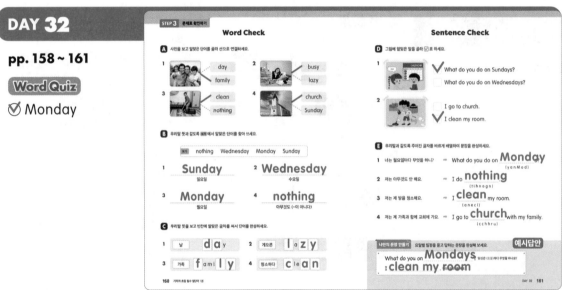

DAY 33

pp. 162 ~ 165

Word Quiz

✓ carrot

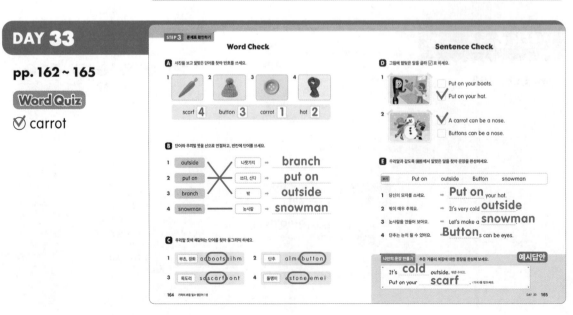

DAY 34

pp. 166 ~ 169

Word Quiz

☑ dinner

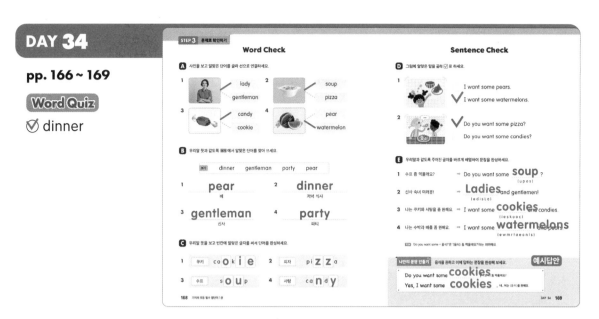

DAY 35

pp. 170 ~ 173

Word Quiz

☑ inside

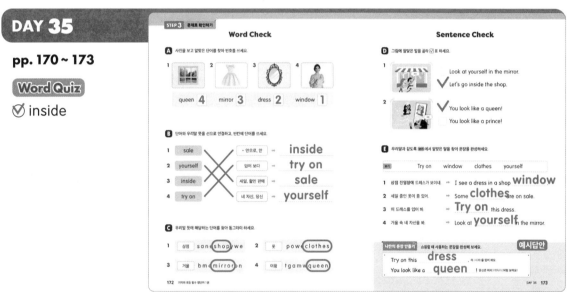

WEEK 7 Review

pp. 174 ~ 175

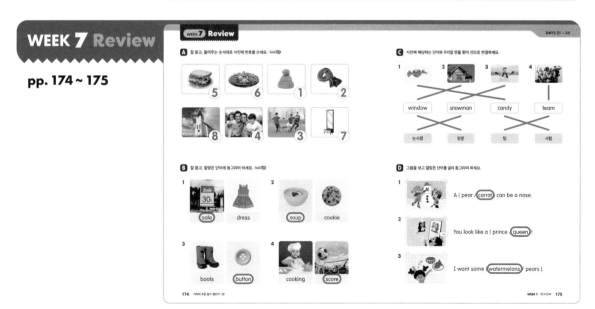

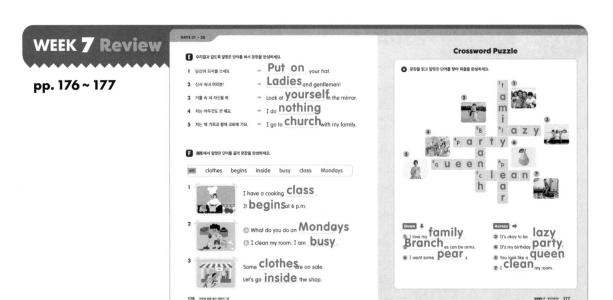

WEEK 7 Review

pp. 176 ~ 177

DAYS 31 ~ 35

E 우리말과 같도록 알맞은 단어를 써서 문장을 완성하세요.

1 당신의 모자를 쓰세요. → **Put on** your hat.
2 신사 숙녀 여러분! → **Ladies** and gentlemen!
3 거울 속 네 자신을 봐. → Look at **yourself** in the mirror.
4 저는 아무것도 안 해요. → I do **nothing**.
5 저는 제 가족과 함께 교회에 가요. → I go to **church** with my family.

F 〈보기〉에서 알맞은 단어를 골라 문장을 완성하세요.

보기 clothes   begins   inside   busy   class   Mondays

1 I have a cooking **class**.
  It **begins** at 6 p.m.

2 Ⓐ What do you do on **Mondays**?
  Ⓑ I clean my room. I am **busy**.

3 Some **clothes** are on sale.
  Let's go **inside** the shop.

Crossword Puzzle

문장을 읽고 알맞은 단어를 찾아 퍼즐을 완성하세요.

Down ↓
① I love my **family**.
② **Branch** es can be arms.
⑥ I want some **pear** s.

Across →
③ It's okay to be **lazy**.
④ It's my birthday **party**.
⑤ You look like a **queen**.
⑦ I **clean** my room.

DAY 36

pp. 178 ~ 181

Word Quiz
☑ thousand

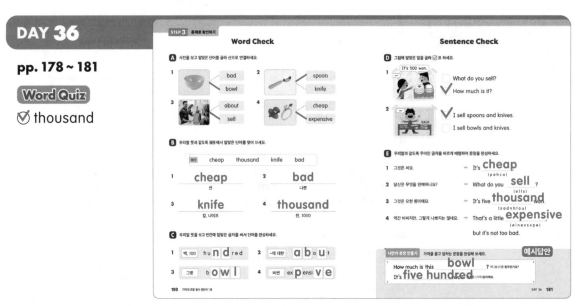

STEP 3 문제로 확인하기

Word Check

A 사진을 보고 알맞은 단어를 골라 선으로 연결하세요.

1 bad / **bowl**
2 spoon / **knife**
3 **about** / sell
4 cheap / **expensive**

B 우리말 뜻과 같도록 〈보기〉에서 알맞은 단어를 찾아 쓰세요.

보기 cheap   thousand   knife   bad

1 **cheap** 싼
2 **bad** 나쁜
3 **knife** 칼, 나이프
4 **thousand** 천, 1000

C 우리말 뜻을 보고 빈칸에 알맞은 글자를 써서 단어를 완성하세요.

1 백, 100 hu**n**d**red**
2 ~에 대한 **a**bou**t**
3 그릇 b**owl**
4 비싼 ex**p**ensive

Sentence Check

D 그림에 알맞은 말을 골라 ☑ 표 하세요.

1 It's 500 won.
  ☐ What do you sell?
  ☑ How much is it?

2 SALE
  ☑ I sell spoons and knives.
  ☐ I sell bowls and knives.

E 우리말과 같도록 주어진 글자를 바르게 배열하여 문장을 완성하세요.

1 그것은 싸요. → It's **cheap** (pahca)
2 당신은 무엇을 판매하나요? → What do you **sell**? (ells)
3 그것은 오천 원이에요. → It's five **thousand** won. (sadnhtou)
4 약간 비싸지만, 그렇게 나쁘지는 않네요. → That's a little **expensive** (einevsxpe) but it's not too bad.

나만의 문장 만들기 가격을 묻고 답하는 문장을 완성해 보세요. 예시답안
How much is this **bowl**?
It's **five hundred**.

DAY 37

pp. 182 ~ 185

Word Quiz
☑ eraser

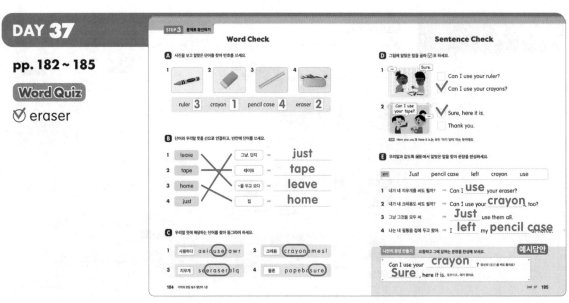

STEP 3 문제로 확인하기

Word Check

A 사진을 보고 알맞은 단어를 찾아 번호를 쓰세요.

1   2   3   4

ruler **3**   crayon **1**   pencil case **4**   eraser **2**

B 단어와 우리말 뜻을 선으로 연결하고, 빈칸에 단어를 쓰세요.

1 leave → 그냥, 단지 → **just**
2 tape → 테이프 → **tape**
3 home → ~을 두고 오다 → **leave**
4 just → 집 → **home**

C 우리말 뜻에 해당하는 단어를 찾아 동그라미 하세요.

1 사용하다 aei d (use) awr
2 크레용 (crayon) mesl
3 지우개 s ee (eraser) alq
4 물론 popeb (sure)

Sentence Check

D 그림에 알맞은 말을 골라 ☑ 표 하세요.

1 Sure.
  ☐ Can I use your ruler?
  ☑ Can I use your crayons?

2 Can I use your tape?
  ☑ Sure, here it is.
  ☐ Thank you.

보기 Here you are.와 Here it is.는 모두 '여기 있어'라는 뜻이에요.

E 우리말과 같도록 〈보기〉에서 알맞은 말을 찾아 문장을 완성하세요.

보기 Just   pencil case   left   crayon   use

1 내가 네 지우개를 써도 될까? → Can I **use** your eraser?
2 내가 네 크레용도 써도 될까? → Can I use your **crayon**, too?
3 그냥 그것들을 모두 써. → **Just** use them all.
4 나는 내 필통을 집에 두고 왔어. → I **left** my **pencil case** at home.

나만의 문장 만들기 요청하고 답하는 문장을 완성해 보세요. 예시답안
Can I use your **crayon**?
Sure, here it is.

DAY 38

pp. 186 ~ 189

Word Quiz

☑ tooth

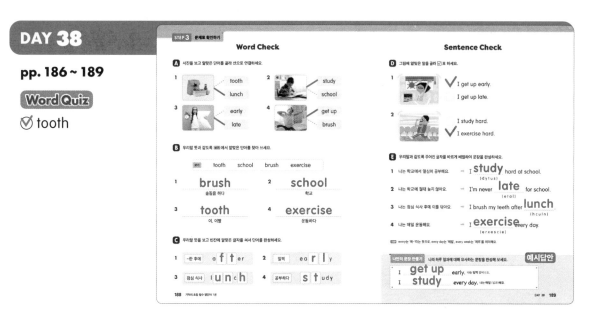

DAY 39

pp. 190 ~ 193

Word Quiz

☑ blow

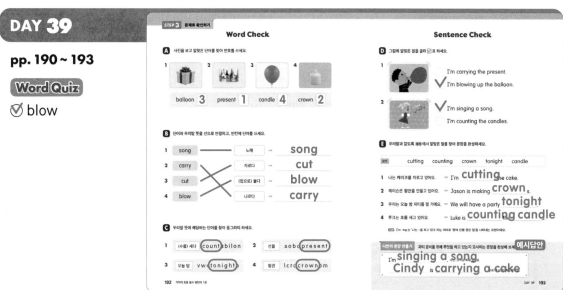

DAY 40

pp. 194 ~ 197

Word Quiz

☑ dry

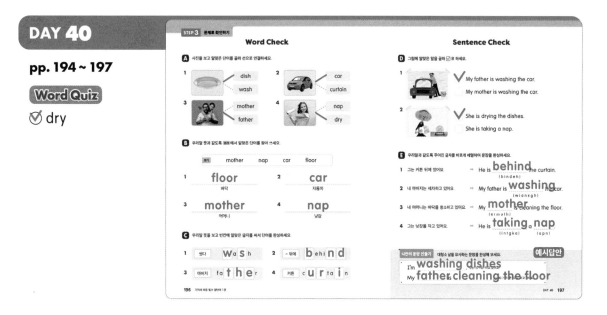

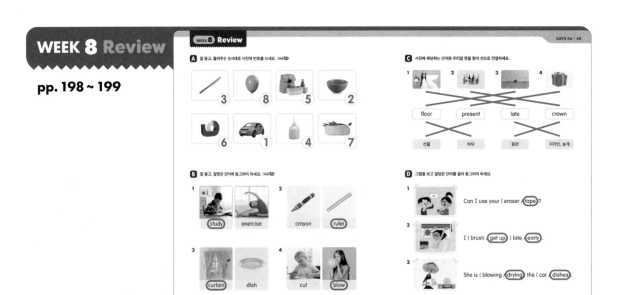

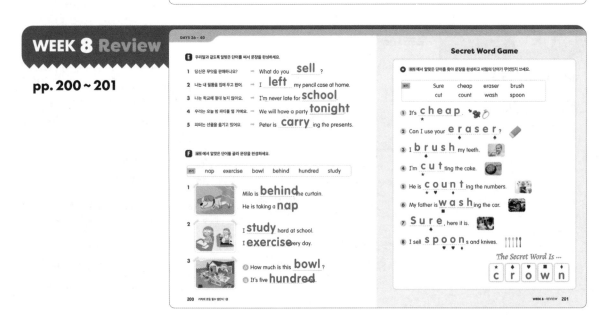

교과서 문장으로 익히는 문맥 어휘 학습법!

기적의 초등 필수 영단어

Study Point!

☝ **하루 10개, 두 달이면 완성하는 초등 필수 영단어!**
최신 교과 과정이 반영된 교육부 지정 영단어 800개와 유용한 빈출 어휘를 배워요.

✌ **문장 맥락으로 익히는 살아 있는 영단어 학습!**
영어 교과서 문장으로 이루어진 의사소통 상황글을 읽으며 단어의 실제 쓰임을 익혀요.

🖐 **단어 암기력을 극대화하는 통합적인 학습 설계!**
단어를 보고 듣고, 따라쓰며 배우고, 누적 반복 읽기 학습으로 암기 효과를 높여요.

🖐 **완벽한 복습을 위한 추가 온라인 콘텐츠 제공!**
길벗스쿨 e클래스에서 4종의 워크시트(Word Tracing, Word Test, Unit Test, Word Dictation)와
온라인 퀴즈를 통해 배운 단어를 꼼꼼히 복습해요.

 길벗스쿨 e클래스 eclass.gilbut.co.kr
MP3 파일 바로 듣기 및 다운로드, 부가 학습자료와 온라인 퀴즈를 제공합니다.